Español
cuatro destrezas

escuchar

leer

hablar

escribir

JN067860

Sayaka NAKAJIMA
Bernardo ASTIGUETA

Editorial ASAHI

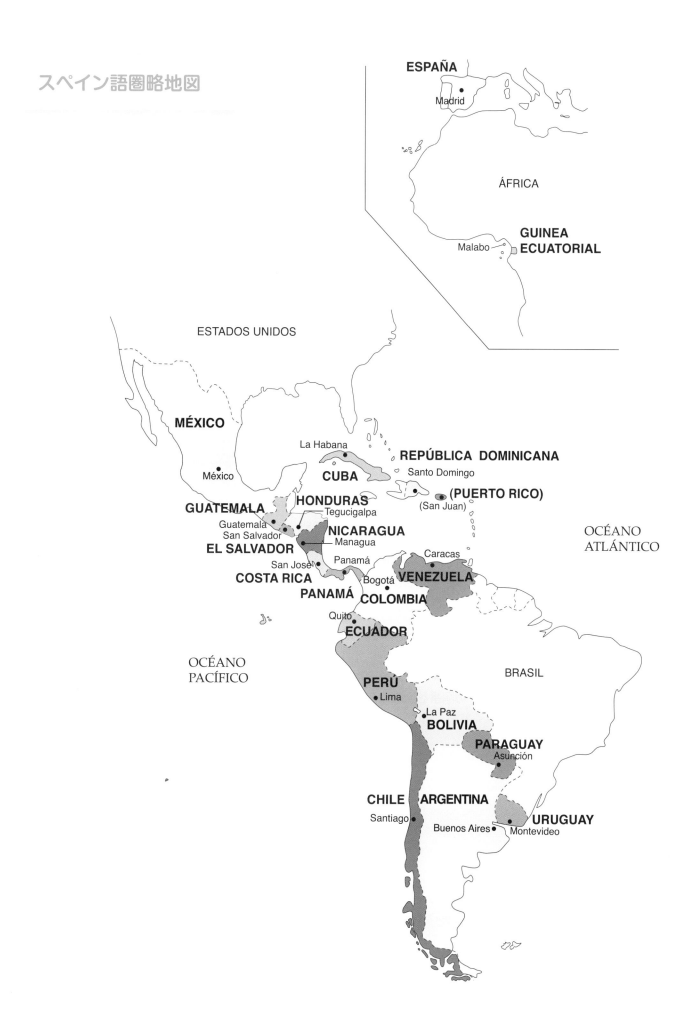

スペイン語圏略地図

ESPAÑA
Madrid

ÁFRICA

GUINEA
ECUATORIAL
Malabo

ESTADOS UNIDOS

MÉXICO

México

La Habana

REPÚBLICA DOMINICANA

CUBA
Santo Domingo

(PUERTO RICO)
(San Juan)

GUATEMALA
Guatemala
San Salvador
EL SALVADOR

HONDURAS
Tegucigalpa

NICARAGUA
Managua

OCÉANO
ATLÁNTICO

San José

Panamá

COSTA RICA
PANAMÁ

Bogotá

COLOMBIA

Caracas
VENEZUELA

Quito
ECUADOR

OCÉANO
PACÍFICO

BRASIL

PERÚ
Lima

La Paz
BOLIVIA

PARAGUAY
Asunción

CHILE ARGENTINA

Santiago

Buenos Aires

URUGUAY
Montevideo

　現在、日本では多くのスペイン語の教科書が出版されており、それぞれの目標やテーマに基づいた個性豊かで優れた教材が入手できます。そのような中で、なぜここでまた新たな教材を一つ送り出すのでしょうか。そこには、学習の最初の段階から多聴や口頭演習を積極的に取り入れた教材を提供したいという著者の思いがあります。

Actualmente se puede encontrar una gran variedad de manuales de enseñanza de español publicados en Japón, y materiales didácticos de excelente calidad con objetivos y temas diferentes.

¿Qué sentido tiene entonces publicar un nuevo material de enseñanza? Nuestra intención ha sido ofrecer un material didáctico que contenga abundantes audios para que, desde la etapa inicial del aprendizaje, haya numerosos ejercicios de comprensión auditiva y prácticas orales.

　一般的に外国語習得の近道はその言語が話されている環境に身を置くことと言われています。それはなぜでしょうか。様々な理由がありますが、文脈の中で目標言語を大量に耳にする機会、意味や文法、使い方などを考える機会、アウトプットする機会を確保しやすいというのが大きいのではないでしょうか。もちろん日本の外国語の授業で現地と同じ環境を提供することは不可能ですが、スペイン語を沢山耳にし、考え、口に出す、そうした機会を最初の段階から提供することは可能なのではないかと思いました。

Por lo general se dice que la mejor forma de aprender una lengua extranjera es encontrarse en un medio en el que se utilice dicha lengua de forma habitual. Hay muchas razones que sostienen esta afirmación, pero la principal es que el medio proporciona múltiples oportunidades para escuchar la lengua meta, comprender el sentido de la gramática y su uso en un contexto real, y poner en práctica inmediatamente los conocimientos adquiridos. Lógicamente, es imposible que las clases de lenguas extranjeras en Japón ofrezcan las mismas condiciones de aprendizaje que el medio natural, pero sí es posible ofrecer muchas oportunidades para que, desde la etapa inicial, los estudiantes puedan escuchar frecuentemente español, reflexionar sobre la lengua, y utilizarla de forma activa dentro o fuera de clase.

　本書は、

1．外国語の習得には大量のインプットが必要である
2．音声を伴う理解しやすい文を沢山耳にし、口に出す演習を行うことが読む力や書く力にも結びついていく
3．文法知識や語彙・表現も文脈の中でフレーズ単位で増やしていくことが大切である
4．「聴く→話す→読む→書く」の順番を意識して学習する
5．言ったり書いたりできなくても、聞いたり見たりして理解できる語彙・表現を意識的に増やしておくことは大切である

　このような幾つかの外国語教育の考え方に基づいて作られています。

Este material fue elaborado teniendo como base algunos principios fundamentales sobre el aprendizaje de una lengua extranjera:

1. El aprendizaje de una lengua extranjera requiere una gran cantidad de *input*.
2. Los ejercicios de escucha y repetición de múltiples muestras simples de la lengua, ayudan a incrementar también la capacidad de comprensión lectora y de comunicación escrita.
3. Es importante ampliar tanto los conocimientos gramaticales, como el vocabulario y las expresiones en su contexto de uso en frases breves y sencillas.
4. El aprendizaje se realiza mediante el proceso consciente de "escuchar, hablar, leer y escribir", en ese orden.
5. Es importante ampliar el vocabulario y las expresiones que se pueden comprender escuchando o mirando, aunque no se puedan expresar oralmente ni escribir.

この教科書はKenという人物が自分のスペイン語体験や学習のアドバイスを学習者に語りながら進めていく構成になっています。Kenは大学で体験型の学習を自ら実践し、楽しみながらスペイン語の４技能を身につけた実在の人物をモデルにしています。Kenを通じてスペイン語を使う場面を身近に感じながらスペイン語を学習してもらえたらと思います。

El hilo conductor de este libro de texto es un personaje ficticio llamado Ken, quien comparte sus experiencias con relación al español, y da consejos útiles para el aprendizaje de la lengua. Ken está inspirado en una persona real, un estudiante universitario japonés que adquirió las cuatro destrezas del español disfrutando del aprendizaje por medio de la experiencia. La intención es que, gracias a Ken, los estudiantes puedan aprender el español sintiéndose familiarizados con las situaciones en las que se utiliza esta lengua.

本書は音声や視覚的な材料が多く、構成も少し複雑で出版に至るまでに様々な困難な問題に直面しました。その中にあって教材の意図に理解を示し、多くの材料と様々な助言を惜しみなく与えてくださった山中亮子氏と朝日出版の皆様にこの場を借りて心から感謝の意を表します。

Para llegar a la publicación de este libro hubo que enfrentar diversos desafíos debido a la utilización de abundantes audios e imágenes, y por la complejidad de su estructura. Quisiéramos expresar nuestra gratitud a la Editorial Asahi, y particularmente a Ryoko Yamanaka, por haber comprendido la intención de este texto, habernos proporcionado abundantes materiales, y habernos brindado diversos consejos.

¡Hola! この教科書に出てくるKenのモデルになった柿原健佑です。
私は大学時代に第二外国語でスペイン語を選択し、在学中にスペイン語が話せるようになりました（最初はパエリアとかしか単語を知りませんでした！）。これは授業や教科書を活用して基礎を固め、大学・バイト先・オンラインゲームなどでスペイン語を使う機会を自発的に作り実践練習をして、そして何よりこれらの過程を楽しみワクワクしながら学んだ結果だと思っています。尚、このテキストに出てくるKenのストーリーやコメントの多くは私の在学中の実体験に基づいています。「こんな風にスペイン語ができるようになった人もいるんだな」と参考になったら嬉しいです！
そうそう、実はこのテキストの音声の中にも私がいます、どの声か当ててみてくださいね。それではこれから一緒に頑張りましょう、¡Vamos! ٩(ᐛ)۶

¡Hola! Yo soy Kensuke Kakihara, el estudiante que sirvió como modelo de Ken. Yo elegí español como segunda lengua extranjera en la universidad, y durante mis estudios aprendí a hablar en español. Al principio la única palabra en español que sabía era "paella". El aprendizaje de la lengua fue el resultado de haber sentado una base sólida gracias a las clases y al libro te texto, haber buscado espontáneamente muchas oportunidades para practicar español en la universidad, en el trabajo, a través de juegos online, etc., y haber disfrutado del aprendizaje. Muchas de las historias y comentarios de Ken en este libro están basadas en mis experiencias durante los estudios. ¡Ojalá que sirvan para que los estudiantes sepan que realmente se puede aprender español de esta manera! Además, mi propia voz está en los audios de este libro de texto. ¿Sabes cuál es? ¡Vamos a aprender español juntos!

目次 Índice

　この本は、主に日本の大学でスペイン語を選択する学生が、**ヨーロッパ言語共通参照枠 (CEFR) A1 か**
らA2程度のスペイン語を４技能のバランスを取りながら習得できるよう、その基盤作りの材料を提供す
ることを目標にデザインされています。日本でスペイン語を学習する際にはインプットが不足しがちな
傾向にあること、音読やシャドーイングが外国語の４技能の習得に効果的であるという理由から、各課
は音声を聞き、発音や音読を行うというプロセスから出発する作りになっています。多くの教科書で行
う従来型の文法項目の学習と演習を行う前に、音声を聞いて口にする練習がある、そう考えていただけ
たらと思います。各課には学習の軸になる文法項目がありますが、主に全体像やパターンとヒントから
学習者が類推し、教員と確認する形式を採用しています。また、文法学習は重要なので、必要に合わせ
て練習できるよう**オンラインからダウンロードできるpdf形式の練習帳**も用意しています。

　Este libro fue diseñado con el fin de ofrecer un material enfocado principalmente en los estudiantes universitarios en Japón, que sirva para sentar las bases del aprendizaje de ELE a nivel A1-A2 (MCER), integrando las cuatro destrezas. Dado que en Japón el *input* suele ser insuficiente cuando se aprende español, y que la lectura en voz alta y la repetición de textos orales (*shadowing*) son eficaces para la adquisición de las cuatro destrezas de una lengua extranjera, cada unidad comienza con un proceso de escucha y repetición de un audio, y de lectura en voz alta. De este modo, la escucha y repetición de textos orales precede al estudio y las prácticas de la gramática, que se encuentran al principio de cada unidad en muchos libros de texto tradicionales. Cada unidad cuenta con los apartados gramaticales indispensables, pero los estudiantes deben procurar captar los contenidos principalmente de forma inductiva, mediante el contexto general, las pautas y las sugerencias, bajo la guía y comprobación del/la profesor/a. El aprendizaje de la gramática es importante, y para ello se ofrece también un cuaderno de ejercicios en formato PDF, que se puede descargar en línea para practicar cuando sea necesario.

　この教科書は扱う語彙や表現が多いですが、教科書で使用されている語彙や表現をすぐに正確に言えた
り、書いたりするレベルまで持っていくことは想定していません。語彙や表現に関しては、聞いたり読
んだりして受け身的に理解できるものと、自分で言ったり書いたりできる能動的に使えるものとがあり、
学習の第一段階では、受け身的にわかる語彙や表現をわかりやすいものからどんどん吸収して増やして
いくことが大切であると考えています。その段階では書けなくてかまいません。

　ただし、学習者は小テストや試験の準備には的を絞って覚える必要があると考えられるので、**各課で優**
先的に覚えてほしい語彙や表現は、音声に加えてイラストや写真が付いているか、水色で囲まれており、
視覚的に区別できるようになっています。

　Este libro contiene una gran cantidad de vocabulario y expresiones, pero no pretende que los estudiantes aprendan todo el vocabulario de forma tal que puedan expresarlo oralmente o escribirlo con precisión desde el comienzo. Hay palabras y expresiones que se pueden comprender de forma pasiva, y otras que los estudiantes deben aprender y poder utilizar de forma activa. En la primera etapa del aprendizaje, consideramos que es importante que los estudiantes amplíen el vocabulario pasivo, aunque no tengan necesidad de poder escribirlo con total corrección. Sin embargo, también es importante que los estudiantes cuenten con el vocabulario necesario para prepararse para las pruebas y exámenes. Este vocabulario y expresiones más importantes van acompañados de una foto o una ilustración, además de un audio, o están enmarcados en color azul claro para que se puedan distinguir visualmente.

各課は以下の４パートから成っています。Estructura de cada unidad

1. Ⓐ ◆Así es el español◆ 導入部分（各課の１ページ目） Introducción (primera página de cada unidad)

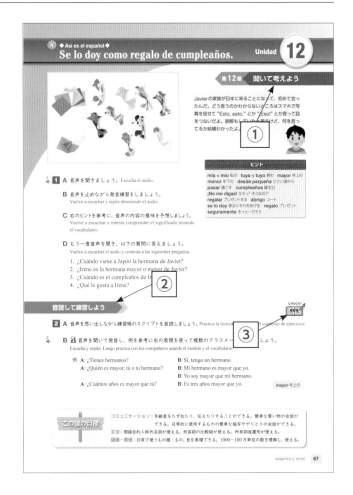

① 「**聞いて考えよう**」では、学習者はスクリプトを見ないで、何度も音声を聞いて写真やヒントの日本語訳を参考に予想し、発音・イントネーションを真似ます。この段階では音の切れ目がつかめない、意味がとれないところがある、などわからないことが沢山あって構いません。**音に慣れることが１番の目的**です。授業前の事前学習として行い、予想があっていたか授業で教員と答え合わせを行うことを想定しています。**わからないことにも予想しながらチャレンジする外国語学習に大切な学習態度も養います。**

① En "**Escucha y piensa**", los estudiantes escuchan varias veces el audio sin leer la transcripción, tratando de comprender el significado general por la foto y el vocabulario sugerido en japonés. A continuación, repiten el audio por frases cortas, e imitan la pronunciación y la entonación. En esta fase, no importa que haya muchas cosas que no se entiendan, y que los estudiantes no sean capaces de captar los cortes entre palabras y el significado de algunas frases. El objetivo principal es **acostumbrarse a los sonidos**. Esta parte está pensada como preparación previa de la clase, y se espera que los estudiantes comprueben posteriormente sus respuestas con el profesor en clase para ver si lo que han pensado es correcto. **Esta parte fomenta una actitud de aprendizaje que es importante para las lenguas extranjeras, en la que los estudiantes se esfuerzan por captar de antemano el significado de aquello que no entienden con certeza.**

② 「**音読して練習しよう**」の音読は、ある程度音声のイメージが掴めていることが前提になっています。授業で個別にあてる・全体で行うなど、何らかの形で音読を行い、必要であれば教員が間違えやすいポイントや自然なイントネーションを指導することを想定しています。

② La sección "**Practica la lectura**", se basa en la premisa de que los estudiantes han obtenido una cierta imagen del texto oral antes de practicar la lectura en voz alta del texto escrito. La lectura se puede realizar de forma conjunta o individual, como sea más pertinente, y está pensada para que, si es necesario, el/la profesor/a indique las partes propensas a error, y señale cuál es la entonación correcta.

③ **練習帳pdf**に「聞いて考えよう」のスクリプト、文法を使った演習、作文演習、各課の達成目標のチェックリストがあるので、必要に応じて使用することが可能です。

③ El **cuaderno de ejercicios en PDF**, que puede ser utilizado según la necesidad, contiene la transcripción de "Escucha y piensa", ejercicios gramaticales, ejercicios de escritura y una lista de verificación de logros de los objetivos de cada unidad.

2. Ⓑ◆ Te lo explico ◆文法、演習 (2・3ページ目) Gramática y prácticas gramaticales (segunda y tercera página de cada unidad)

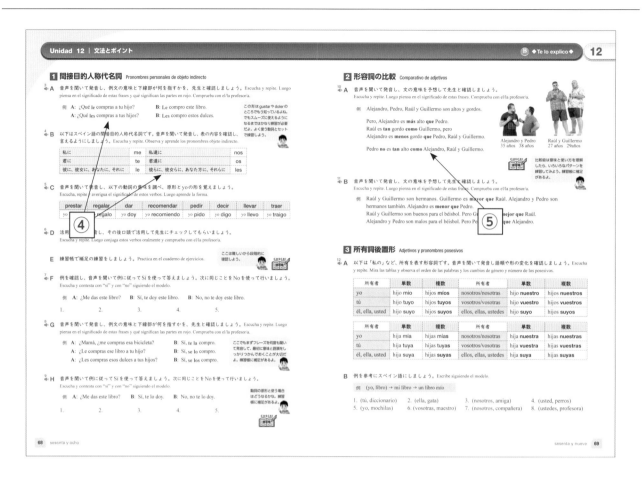

④　文法項目の表や、動詞の活用、水色で囲まれた例文などの情報から、なるべくパターンやヒントから規則を掴むようにします。その上で教員と意味や文法を確認します。

④　Aquí se presentan las tablas con los apartados gramaticales, la conjugación de los verbos, y los ejemplos enmarcados en azul claro, para que los estudiantes procuren inferir las reglas gramaticales por medio de pautas y sugerencias. Posteriormente se comprueba el significado y la gramática con el/la profesor/a.

⑤　**水色で囲まれた例文は、何度も聞いてイントネーションや語順ごと覚え**、日本語に訳さなくてもスペイン語のまま理解できるように持っていくことが大切です。できれば口に出して練習し、音のレベルで一定の理解（聞いてわかる・言える）に達した上でpdfの練習帳の練習問題を行うなどの「読む」「書く」の演習に移行していけると理想的です。音声理解にはかなり個人差があるので、苦手な人には事前事後学習で音声を聞き、慣れてもらうことをお勧めします。

⑤　Es importante escuchar repetidas veces los audios de las **partes enmarcadas en azul claro**, aprender la entonación y el orden de las palabras, y tratar de comprender el significado de las frases en español sin necesidad de traducirlas. Lo ideal es practicar oralmente, y luego de alcanzar cierta comprensión a nivel oral (comprender escuchando y repitiendo), pasar al cuaderno de ejercicios para hacer los ejercicios gramaticales y las prácticas de lectura y escritura. Es natural que haya diferencias de nivel en la comprensión auditiva de los estudiantes, y por eso se recomienda especialmente a los que tienen más dificultades, que practiquen con los audios antes y después de cada clase para acostumbrarse.

3. © ◆¡Vamos a aprender y practicar!◆ 語彙・表現、演習 （4・5ページ目） Vocabulario y expresiones, y prácticas de comunicación (cuarta y quinta página de cada unidad.

各課で学習した文法を使ってみると同時に、**口頭演習や作文練習につなげるための語彙と表現を増やすパート**です。また、課の文法と語彙を使った聞き取りにもチャレンジします。このパートでは、最初の段階から完璧なアウトプットを行うのではなく、学習したことを使いながら可能な範囲で自分を表現し、クラスメートと少しでもお互いのことを知り、スペイン語をコミュニケーションのツールとして使えることを体感することが目的です。

En esta parte se utiliza la gramática aprendida en la sección anterior de cada unidad, y al mismo tiempo se amplía el **vocabulario y las expresiones en relación con las prácticas orales y escritas**. El objetivo de esta sección no es que los estudiantes se expresen en español sin errores desde el comienzo, sino que cada uno use el español aprendido hasta ese momento, en la medida de sus posibilidades, para interactuar con sus compañeros/as, y experimentar el español como una herramienta de comunicación.

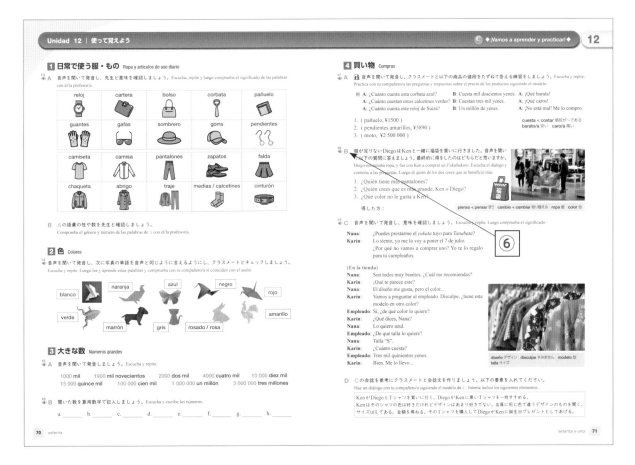

⑥　**聞き取りはできれば課題として**行なってくることをおすすめします。授業外でもスペイン語を聞く機会を設けることで、学習効果のアップが期待できます。このパートの聞き取りには学習者がまだ知らない語彙や表現が出てきますが、最初から細かい部分まで全て理解する必要はありません。わからないことが含まれていることを前提に、**グレーの囲みの語彙のヒント**を参考に文脈から予想しながら必要な情報を得て、質問に答える訓練です。

⑥　Se recomienda **realizar los ejercicios de comprensión auditiva como tarea**. De esta forma se ofrece la oportunidad de escuchar español fuera de clase, y para que sea más efectivo el aprendizaje. En los ejercicios de comprensión auditiva de esta sección hay palabras y expresiones que no se han aprendido hasta ese momento, pero no es necesario comprender todo en detalle desde el principio. Se da por supuesto que esta sección contiene elementos desconocidos, pero el ejercicio consiste en que el estudiante trate de comprenderlos valiéndose del **vocabulario enmarcado en gris**, y obteniendo información por el contexto, para luego poder responder a las preguntas.

4. Ⓓ◆Un poco más◆ 読み、課の復習 (6ページ目)　Lectura, repaso de la unidad (sexta página de cada unidad)

最後のパートはスペイン語圏に関する読みと、課の復習です。

La última sección contiene un texto acerca del mundo hispano, y ejercicios de repaso de la unidad.

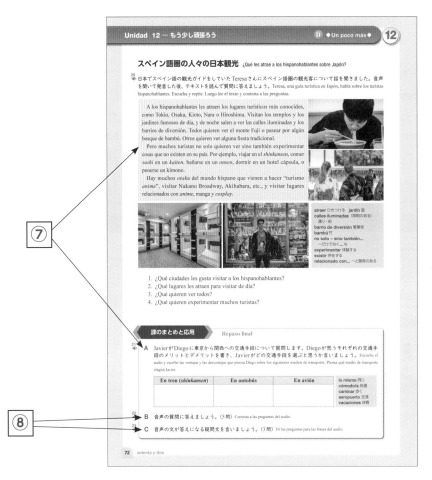

⑦　読みと「課のまとめと応用」のAの聞き取りは、わからないことが含まれていることを前提に、**グレーの囲みの語彙のヒント**を参考に文脈から予想しながら必要な情報を得る演習です。細かい部分まで全て理解する必要はありません。

⑦　En la lectura y en el punto A del "Repaso final", se da por supuesto que hay partes que los estudiantes no podrán comprender inmediatamente. Estas prácticas se realizan utilizando el **vocabulario enmarcado en gris**, y obteniendo la información necesaria por el contexto. No es necesaria una comprensión minuciosa y completa.

⑧　「課のまとめと応用」のBとCは特に重要で、課のポイントを短文で復習する演習です。質問を聞いてスペイン語のまま理解し、答え、そして自分でも質問もできるところまで持っていくことをおすすめします。

⑧　Los puntos B y C de "Repaso final" son especialmente importantes, pues son ejercicios en los que se repasan los puntos principales de cada unidad mediante preguntas y respuestas cortas. Se recomienda guiar a los estudiantes para que sean capaces de comprender y responder a las preguntas en español, sin traducción, y elaborar por sí mismos algunas preguntas.

この教材は、事前事後学習があることを想定しています。聞き取りや練習帳の文法演習、作文などは課題として行うと、より学習効果が上がると期待されます。

　内容は多目なので**目的に合わせて取捨選択することが可能**です。ただし、聞くことから出発する方法は、学習者があまり慣れていない場合は、特に最初の段階で学習方法を含めた一定量の訓練が必要になるので、多少進度を遅くするか、事前事後学習の時間を活用するなどの方法で聞いて考える機会を確保することをおすすめします。教科書の内容を全て授業時間中に行う必要はありません。

　この方法は、３ヶ月、６ヶ月、１年と続けることによって初めて効果を発揮する学習方法です。学生が聞くことに慣れていない場合、最初は大変なこともありますが、しばらく続けて聞くことが習慣化すると学習もスムーズに進む傾向があります。中長期的な視点でぜひ試してみてください。

Este material asume que hay una preparación y un repaso de cada unidad fuera de clase. Los ejercicios de comprensión auditiva y los ejercicios gramaticales del cuaderno de ejercicios, así como las prácticas de composición hechos como tarea son efectivos para elevar el nivel de aprendizaje.

Este libro contiene abundantes materiales, pero se puede hacer una **selección de acuerdo con los objetivos de cada clase**. Sin embargo, cuando los estudiantes no están acostumbrados a un método que parte de la escucha, al principio es particularmente necesario dedicar un tiempo del aprendizaje al entrenamiento y, por lo tanto, se recomienda ralentizar un poco los avances, o utilizar más el tiempo de preparación y repaso fuera de clase para abarcar más contenidos. Pero también se pueden utilizar otros recursos con el fin de asegurar más posibilidades de escuchar y comprender. No es indispensable hacer todos los contenidos del libro en clase.

Con este método, los resultados comienzan a verse recién a los tres meses, a los seis meses o al año si se utiliza de forma continuada. Al principio suele resultar difícil para los estudiantes que no están acostumbrados, pero con el tiempo, a medida que adquieren el hábito de escuchar, el aprendizaje se realiza de forma natural. Es importante utilizarlo desde una perspectiva a mediano y largo plazo.

「ケンと身につけよう、スペイン語４技能」ポータルサイト

https://text.asahipress.com/free/spanish/cuatrodestrezas/

練習帳 pdf のダウンロードはこちら

ストリーミング音声もお聞きいただけます

ダウンロード音声

 音声再生アプリ **「リスニング・トレーナー」**

朝日出版社開発のアプリ、「リスニング・トレーナー（リストレ）」を使えば、教科書の音声をスマホ、タブレットに簡単にダウンロードできます。どうぞご活用ください。

まずは「リストレ」アプリをダウンロード

≫ **App Store** はこちら   ≫ **Google Play** はこちら

▼ アプリ【リスニング・トレーナー】の使い方

① アプリを開き、「**コンテンツを追加**」をタップ

② QR コードをカメラで読み込む

③ QR コードが読み取れない場合は、画面上部に　**55153**　を入力し「**Done**」をタップします

小学生の時、クラスにペルー人の転校生Rubén が来た。その子の言葉は英語でなくてスペイン語なんだって。Rubénはみんなの名前を聞いてスペイン語で黒板に書いていったんだ。ローマ字みたいだったけど、僕の名前はローマ字書きとは違っていたみたい。挨拶も教わったよ。

Ken

ヒント

Yo soy... = (英語の) I am...
Soy de... 私は〜出身です
muy bien = (英語の) very well
gracias ありがとう
Buenos días. おはよう (ございます)。
Buenas tardes. こんにちは。
Buenas noches. こんばんは。/ おやすみ (なさい)。
Hasta luego. またのちほど。
adiós さようなら

1 **A** 音声を聞きましょう。Escucha el audio.

B 音声を止めながら発音練習をしましょう。
Vuelve a escuchar y repite deteniendo el audio.

C 右のヒントを参考に、音声の内容の意味を予想しましょう。
Vuelve a escuchar e intenta comprender el significado mirando el vocabulario.

D もう一度音声を聞き、以下の日本語にあたると思われるスペイン語を言いましょう。
Vuelve a escuchar el audio y trata de decir lo siguiente en español.

a. 私はRubénです。　　b. 私はペルー出身です。
c. 調子はどう？　　　　d. じゃあね。さようなら。

音読して練習しよう

2 **A** 音声を思い出しながら練習帳スクリプトを音読しましょう。Practica la lectura del texto en el cuaderno de ejercicios.

B 自分の名前や出身県・町などを入れてクラスメートと練習しましょう。
Practica con tu compañero/a, tu nombre y lugar de origen.

例　**A**: ¡Hola! Yo soy _____ . Soy de _____ ¿y tú?
　　B: ¡Hola! Yo soy _____ . Soy de _____ .

y tú は英語の "and you?" にあたるよ。

この課の目標

コミュニケーション：基本的な挨拶や感謝の言葉を理解し、伝えることができる。

綴りと発音：アルファベットがわかり、言うことができる。0-10までの数を使える。スペイン語を聞いて発音し、英語の発音との違いがわかる。スペイン語の母音を発音できる。ñ＋母音とh＋母音の読み方がわかる。

その他：スペイン語の音声のイメージをとらえる。疑問文・感嘆文のイントネーションの違いを区別し、疑問符・感嘆符の付け方がわかる。

最初は沢山音声を聞いて真似して発音してスペイン語の音に慣れることが大切だよ。
細かいことは学習が進んでくると少しずつわかってくるからあまり気にしなくて大丈夫。

1 スペイン語の母音 Vocales en español

3 A スペイン語の母音を真似して発音してみましょう。Escucha y repite.

母音は日本語と近いけど "u" の音には注意が必要だよ。

A a   E e   I i   O o   U u

B 日本語の母音と比較して気付いたことをクラスメートや先生と話しましょう。
Observa y comenta con tu compañero/a y con el/la profesor/a las diferencias entre las vocales del japonés y del español.

4 C 母音に注意して以下の単語を真似して発音しましょう。Escucha y repite prestando atención a las vocales.

1. tiempo　　2. bus　　3. restaurante　　4. chocolate　　5. club　　6. aeropuerto　　7. idea

D C の読み方と発音について気付いたことをクラスメートや先生と話しましょう。
Observa y comenta sobre la pronunciación de C con tu compañero/a y con el/la profesor/a.

5 E 予想して発音しましょう。次に音声を聞いて答え合わせをしましょう。Pronuncia las siguientes palabras y luego comprueba con el audio.

1. mano　　2. foto　　3. pie　　4. duda　　5. oeste　　6. violeta

2 語の強勢 Acentos

最初からアクセント記号の規則にこだわる必要はないよ。ここでは音のイメージをしっかりつかんで ¡Adiós! の ó のように、単語にアクセント記号がついている場合、その母音を強く読むことを覚えてね。音声が頭に入って慣れてきた段階で、規則を確認するよ。
→第13課・第14課・第15課

6 A アクセント記号がある母音に注意し、聞いて発音しましょう。Escucha y repite.
Comprueba cómo se leen las vocales acentuadas.

1. ¡Adiós!　　2. Perú　　3. Rubén　　4. París　　5. México　　6. música

B 気付いたことをまとめてクラスメートや先生と話しましょう。Observa y comenta con tu compañero/a y con el/la profesor/a.

7 C 予想して発音しましょう。次に音声を聞いて答え合わせをしましょう。Pronuncia las siguientes palabras y luego comprueba con el audio.

1. televisión　　2. Canadá　　3. limón　　4. teléfono　　5. café　　6. lámpara

8 英語との違いに注意！1 ¡La pronunciación en español es diferente! 1

音声を聞いて発音し、次にスペイン語で言ってみましょう。Escucha el audio, repite y lee.

綴りは英語と同じでも発音が違うから気を付けてね。

1. hotel　　2. hospital　　3. debate　　4. exterior　　5. general

❸ 疑問符・感嘆符　Signos de interrogación y de exclamación

9 A 音声を聞いて発音しましょう。 Escucha y repite.

a. 1. Antonio.　　2. ¡Antonio!　　3. ¿Antonio?　　b. 1. Fiesta.　　2. ¡Fiesta!　　3. ¿Fiesta?

B 👥 気付いたことをクラスメートや先生と確認しましょう。 Observa y comenta con tu compañero/a y con el profesor/a.

10 C 音声を聞いて必要な箇所に "¿?" "¡!" "." を入れましょう。 Escucha y escribe los signos de interrogación o admiración si hace falta.

1. Café　　Café　　Café　　　　2. Mañana　　Mañana　　Mañana

❹ スペイン語圏の人名　Nombres de personas en español

11 音声を聞いて発音しましょう。次に性別を予想し、英語名が思いつく場合は言いましょう。
Escucha y repite. Di qué nombres son masculinos y femeninos, y los nombres equivalentes en inglés.

1. David　　2. Laura　　3. Juan　　4. María　　5. Paula　　6. Ricardo　　7. Ana　　8. Raquel

12 **英語との違いに注意！2** ¡La pronunciación en español es diferente! 2
音声を聞いて発音し、次にスペイン語で言ってみましょう。 Escucha el audio, repite y lee.

1. radio　　2. cereal　　3. actor　　4. popular　　5. visual

Ortografía y pronunciación ①　　綴りと読みを覚えよう ①

A アルファベット (p.6) でスペイン語はどのような文字を使うか確認しましょう。
Mira el alfabeto de la p.6 y comprueba las letras que se usan en español.

13 B 音声を聞いて発音し、ñ と h の読み方を確認しましょう。
Escucha y repite. Presta atención a la pronunciación de la "ñ" y la "h".

> **Ñ, ñ** (eñe)
> español　　España　　eñe　　pañuelo　　albañil
>
> **H, h** (hache)
> alcohol　　Haití　　helicóptero　　marihuana　　hipopótamo

14 C 以下の単語を発音し、音声を聞いて確認しましょう。
Lee las siguientes palabras y comprueba la pronunciación con el audio.

1. humor　2. vehículo　3. paño　4. muñeca　5. hada　6. castañuela　7. himno　8. compañía

1 10までの数 Números hasta 10

15 ♦ A 音声を聞いて発音しましょう。Escucha y repite.

0 cero　1 uno　2 dos　3 tres　4 cuatro　5 cinco　6 seis　7 siete　8 ocho　9 nueve　10 diez

16 ♦ B 音声を聞いて該当する数字を書きましょう。Escucha y escribe los números.

_____　_____　_____　_____　_____　_____　_____

17 ♦ C 音声を聞いて欠けている数字に〇をつけましょう。Escucha el audio y marca con un círculo el número que falta.

0　　1　　2　　3　　4　　5　　6　　7　　8　　9　　10

18 ♦ D 以下の数字をスペイン語で言い、音声を聞いて確認しましょう。Lee los siguientes números y comprueba con el audio.

5　　8　　9　　2　　6　　4　　1　　0　　7　　10　　3

19 ♦ E 例を参考に、足し算と引き算を聞いて答えを記入しましょう。
Escucha el audio y escribe en números el resultado de las sumas o de las restas.

> 足し算のmásは "+"、
> 引き算のmenosは "-"、
> son は "=" だよ。

例　$2 + 4 = 6$ Dos más cuatro son seis.　$5 - 2 = 3$ Cinco menos dos son tres.

a. _____　b. _____　c. _____　d. _____　e. _____　f. _____　g. _____　h. _____

2 挨拶と自己紹介 Saludos y presentaciones

20 ♦ A 音声を聞き、発音しましょう。Escucha y repite.

B それぞれの音声に当てはまるイラストを選びましょう。Elige la ilustración que corresponde a cada frase.

1. _____　2. _____　3. _____　4. _____　5. _____　6. _____

20 C 👥 もう一度音声を聞き、日本語あるいは英語ではどう言えると思うかをクラスメートと話し、先生と確認しましょう。 Vuelve a escuchar y escribe el significado en japonés o en inglés, y comprueba con el/la profesor/a.

1. _____
2. _____
3. _____
4. _____
5. _____
6. _____

20 D スペイン語でどのように書くか、もう一度音声を聞いて予想してみましょう。英語やローマ字との違いを考えるのが目的なので間違いを気にしないで行いましょう。 Escucha y trata de completar estas frases. No importa si te equivocas.

1. **Makoto**: _____, _____ tal? Yo _____ Makoto. Soy de Japón.

2. **Alicia**: _____ días, _____ soy Alicia. Soy de Madrid.

3. **Raquel**: Hola, _____ tardes. Yo _____ Raquel. Soy _____ Cuba.

4. **Miguel**: _____ Antonia.　　**Antonia**: Hasta _____ Miguel.

5. **Hijo**: Buenas _____, mamá.　　**Madre**: _____ noches, hijo.

6. **Laura**: ¡_____ Romina!　　**Romina**: ¡Hola Laura! ¿Qué _____?

20 E 👥 先生と答え合わせをし、音声を聞いてクラスメートと言う練習をしましょう。 Comprueba la respuesta con el/la profesor/a y practica las frases anteriores con tu compañero/a.

スペインのトランプ Naipes españoles

以下のトランプの数字をスペイン語で読みましょう。何が描かれているのか先生と確認しましょう。

Lee en español los números de los naipes. Fíjate qué figuras tienen y comprueba con el/la profesor/a.

スペイン語圏ではローマ数字をよく見かけるよ。

ローマ数字 I-X Números romanos I-X

スペイン語で読みましょう。読み方を知らない場合は先生に規則を教えてもらいましょう。

Lee en español los siguientes números romanos. Si no sabes cómo se escriben los números romanos, pregunta al/la profesor/a.

1. III　　2. V　　3. X　　4. VI　　5. IV　　6. VIII　　7. IX

1 アルファベット Alfabeto

21
A 音声を聞いて発音しましょう。 Escucha y repite.

文字	文字の名称	文字	文字の名称	文字	文字の名称
A a	a	J j	jota	R r	erre
B b	be	K k	ka	S s	ese
C c	ce	L l	ele	T t	te
D d	de	M m	eme	U u	u
E e	e	N n	ene	V v	uve
F f	efe	Ñ ñ	eñe	W w	uve doble
G g	ge	O o	o	X x	equis
H h	hache	P p	pe	Y y	ye, i griega
I i	i	Q q	cu	Z z	zeta

アルファベットは英語とよく間違えるので、音によく注意して覚えてね。

B スペイン語のアルファベットについて気付いたことをクラスメートや先生と話しましょう。 Observa y comenta con tus compañeros/as y con el/la profesor/a sobre las características del alfabeto español.

22
C 音声を聞いて文字を書きましょう。 Escucha y escribe las letras.

1. _____　2. _____　3. _____　4. _____　5. _____　6. _____　7. _____　8. _____

2 挨拶など Saludos y otras expresiones

23
A 音声を聞き、発音しましょう。 Escucha y repite.

B 左の状況に合うスペイン語を右から予想して選び、クラスメートの答えと比較してみましょう。数字と文字はスペイン語で言いましょう。 Piensa qué frases en español corresponden a los textos en japonés, y compara con tus compañeros/as lo que has escrito diciendo los números y las letras en español.

1. 午前中Davidという人に会った時に挨拶する。	a. Disculpe.
2. 昼食を食べた後、午後先生に挨拶する。	b. Buenas tardes, profesor.
3. 日が暮れてから近所のAnaに挨拶する。	c. Gracias.
4. 近いうちにまた会う友達と別れの挨拶をする。	d. Hasta mañana.
5. 会った相手に調子を尋ねる。	e. Por favor.
6. 間違えやぶつかるなど、人に何か迷惑をかけたとき。	f. Perdón.
7. 友人からプレゼントをもらったとき。	g. Buenas noches, Ana.
8. 「すみません。」と人に声をかけるとき。	h. ¿Cómo te llamas?
9. 相手に名前を尋ねるとき。	i. ¿Cómo estás?
10. 人に何かを頼むとき。	j. Buenos días, David.
11. 明日にまた会う人に別れの挨拶をする。	k. Me llamo Ana.
12. 自分の名前をAnaであるというとき。	l. Hasta luego.

C Bの表の右の部分を覚え、次に左の部分だけを見て状況に合う表現が言えるようクラスメートと練習しましょう。 Aprende de memoria las frases en español de B y luego mira solamente la columna de la izquierda e intenta decir a tu compañero/a aquello que corresponda en español.

第2章 聞いて考えよう

ある日Rubénのお母さんが小学校に来たよ。ペルーやスペイン語を紹介する国際交流の授業だったんだ。ペルーの家族やペットの写真を見せてくれて、スペイン語で何と言うかも教えてくれたんだ。

ヒント	
madre 母親	**hermano/a** 兄弟/姉妹
padre 父親	**familia** 家族
casa 家	**perro** 犬
gato 猫	**coche** 自動車
amigo/a 友人	

🔊 **1** **A** 音声を聞きましょう。Escucha el audio.

B 音声を止めながら発音練習をしましょう。
Vuelve a escuchar y repite deteniendo el audio.

C 右のヒントを参考に、音声の内容の意味を予想しましょう。
Vuelve a escuchar e intenta comprender el significado mirando el vocabulario.

D もう一度音声を聞き、該当する名前を右から選んで記入しましょう。Vuelve a escuchar y escribe los nombres que corresponden.

madre de Rubén ....   padre de Rubén ....
hermana de Rubén ....   hermano de Rubén ....
gato de María ....   amiga de Teresa ....

名前 Teresa, Javier, Antonio, María, Riqui, Marisa

音読して練習しよう

CHECK!
練習帳

2 **A** 音声を思い出しながら練習帳のスクリプトを音読しましょう。Practica la lectura del texto en el cuaderno de ejercicios.

🔊 **B** 👥 スマホの写真等を使ってクラスメートに誰か・何かを紹介しましょう。知らない単語は調べましょう。
Presenta tu familia, tu mascota o tu casa a tu compañero/a mostrando alguna foto en tu teléfono.

例 Es mi gato Leo.   Es mi casa de Saitama.   Son mis amigos.

miは英語の "my" にあたる。misはその複数形だよ。esは英語の "is" でsonはその複数形にあたるよ。

この課の目標

コミュニケーション：親しい人や自分のものを示して簡潔に紹介することができる。
文法：男性名詞・女性名詞、名詞の単数・複数を理解して使える。名詞に定冠詞をつけることができる。miの意味がわかって使える。前置詞deが使える。
綴りと発音：g＋母音とj＋母音、queとqui、gueとguiの読み方がわかる。
語彙：家族・身近な人・ペット・教室にあるものの単語が使える。スペイン語圏の国名をスペイン語で言える。

スペイン語圏ではカジュアルな文脈では初対面で家族のことを聞かれることも珍しくないよ。
最初から全部覚えたり、書けたりしなくても大丈夫！ まずはたくさん聞いて発音してイメージをしっかりつかんでね。

1 名詞の性 Género del sustantivo

3 A 🗣 音声を聞いて発音した後、次の表を見て単語の終わりの音と名詞の性の間にどんな傾向があるか考え、クラスメートや先生と確認しましょう。Escucha y repite. Luego observa y comenta con tu compañero/a y el/la profesor/a sobre la relación entre la terminación y el género del sustantivo.

自然の性がある名詞　seres animados		自然の性がない名詞　cosas	
男性　masculino	女性　femenino	男性　masculino	女性　femenino
padre	madre	diccionario	casa
hijo	hija	número	familia
amigo	amiga	libro	goma
gato	gata	micrófono	mesa
profesor	profesora	lápiz	estación
estudiante	estudiante	coche	universidad

スペイン語には人や動物でないものにも文法上の性があるよ。
まずは一般的な傾向をつかんでね。練習帳に補足があるよ。

CHECK!
練習帳

4 B 男性名詞（M）か女性名詞（F）か予想して記入し、音声で確認しましょう。Intenta determinar el género (M o F) y comprueba con el audio.

1. piano ＿＿＿＿　2. escuela ＿＿＿＿　3. teléfono ＿＿＿＿　4. mesa ＿＿＿＿　5. piso ＿＿＿＿
6. taxi ＿＿＿＿　7. café ＿＿＿＿　8. violín ＿＿＿＿　9. móvil ＿＿＿＿　10. clase ＿＿＿＿

綴りと読みを覚えよう ② ｜ Ortografía y pronunciación ②

5 A 音声を聞いて発音し、gとjの読み方を確認しましょう。どの母音との組み合わせでgとjの読み方が同じになりますか。Escucha y repite. Fíjate cómo se pronuncian según las vocales. ¿Con qué vocales se pronuncian igual la "g" y la "j"?

G, g (ge)
gato, goma, gusto / Argentina, gimnasio

J, j (jota)
Japón, **ji**rafa, **jo**ta, **Jú**piter, **je**fe

6 B 以下の単語を発音し、音声を聞いて確認しましょう。
Lee las siguientes palabras y comprueba con el audio.

1. gente　2. ajo　3. agua　4. gol　5. ají　6. alga　7. jugo　8. página　9. gel　10. gigante

2 名詞の数 Número del sustantivo

7 A 🎧 音声を聞いて発音し、単語の終わりの音と数の規則性について考えてクラスメートや先生と話しましょう。 Escucha y repite. Luego observa y comenta con tu compañero/a y el/la profesor/a sobre la relación entre la terminación y el número del sustantivo.

単数 singular	複数 plural
chico	chicos
casa	casas
estudiante	estudiantes

単数 singular	複数 plural
profesor	profesores
español	españoles
universidad	universidades

スペイン語の単数複数は難しくないけど、わかりにくい例もあるよ。でもまずは表の例をしっかりつかんでから、練習帳の補足を見てね。

8 B 音声を聞いて単数形の場合は複数形を、複数形の場合は単数形を言いましょう。 Escucha y di el plural en el caso del singular y el singular en el caso del plural.

a. 単数形から複数の練習   b. 複数形から単数形の練習   c. ミックスで練習

C 以下の数の規則性について考えてクラスメートや先生と話しましょう。 Observa los siguientes ejemplos y comenta con tu compañero/a y el/la profesor/a sobre la regla entre el género y el número.

profesor + profesora → profesores   chicas + chico → chicos
hija + hija → hijas   padre + madre → padres

3 定冠詞 Artículos determinados

9 A 🎧 音声を聞いて発音し、定冠詞について気付いたことをクラスメートや先生と話しましょう。 Escucha y repite. Comenta las características de los artículos con tu compañero/a y el/la profesor/a.

	男性 masculino	女性 femenino
単数 singular	**el** niño	**la** niña
複数 plural	**los** niños	**las** niñas

10 B 音声を聞き、定冠詞を入れて書きましょう。 Escucha y escribe la palabra y el artículo determinado correspondiente.

1. (el) _español_ 2. (   ) _____ 3. (   ) _____ 4. (   ) _____ 5. (   ) _____

Ortografía y pronunciación ③   綴りと読みを覚えよう ③

11 A 音声を聞いて発音し、読み方を確認しましょう。 Escucha y repite. Fíjate cómo se pronuncian según las vocales.

Gue, gue   Gui, gui   **Que, que   Qui, qui**
merengue guitarra   quena quiosco

12 B 以下の単語を発音し、音声を聞いて確認しましょう。 Lee las siguientes palabras y comprueba con el audio.

1. espagueti   2. máquina   3. manguera   4. Guinea   5. química   6. guerra   7. queso   8. guiso

1 家族・身近な人など 1   Familia, personas cercanas, etc. 1

13 **A** 🗣 音声を聞いて発音し、次にイラストの単語を音声と同じように読めるかクラスメートとチェックしあいましょう。Escucha y repite. Luego lee las palabras y comprueba con tu compañero/a si la lectura coincide con el audio.

escuela　casa

maestro　padre　madre　abuela　abuelo　familia

compañeros　yo　hermana　hermano　perro　gato

B 以下の答えをスペイン語で言いましょう。 Di el resultado en español.

1. maestro + maestra =　　　2. perro + perras =　　　3. mi abuelo + mi abuela =

2 教室にあるもの   Objetos que hay en el aula

14 **A** 音声を聞いて発音し、表から単語を選び、例を参考にクラスメートと練習をしましょう。Escucha y repite. Con estas palabras pregunta a tu compañero/a siguiendo el modelo.

lápiz	hoja	goma	móvil	diccionario	cuaderno	libro	computadora/ordenador

15 　例　**A**: ¿Cómo se dice 本 en español?　　**B**: Se dice "libro".
　　　A: ¿Cómo se escribe?　　**B**: Se escribe ele, i, be, erre, o.

¿Cómo se dice...?は「～はどういいますか」、en japonésは「日本語で」、¿Cómo se escribe...?は「～はどう書きますか」という意味だよ。
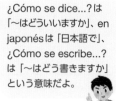

B 音声を聞いて発音し、例を参考に以下のイラストの単語と名詞の性を先生に聞き、定冠詞も付けて記入しましょう。Escucha y repite. Luego pregunta al/a la profesor/a cómo se dicen los siguientes objetos y su género siguiendo el modelo y escríbelo con el artículo determinado de cada uno.

	la pizarra				

16 　例　**A**: Profesor/a, ¿cómo se dice 黒板 en español?　**B**: Se dice "pizarra".
　　　A: ¿Cómo se escribe "pizarra"?　　**B**: Se escribe pe, i, zeta, a, erre, erre, a.
　　　A: Otra vez, por favor.　　**B**: Pe, i, zeta, a, erre, erre, a.
　　　A: ¿Es masculino o femenino?　　**B**: Femenino.

Otra vez, por favor.は「もう一度お願いします」という意味だよ。

3 deの使い方 Uso de "de"

例を参考に書きましょう。Escribe en español siguiendo el modelo.

> よく出てくるdeは日本語の「の」、英語の"of"や"from"に相当するよ。語順に注意してね。

例 Rubén の父親 → el padre de Rubén

1. Rubén の家族 _____
2. María の携帯 _____
3. 私の両親の車 _____
4. 私のクラスメートの両親 _____
5. 私の犬の家 _____
6. 私の友人の母親の犬 _____

4 語順 Orden de las palabras

17 A 音声を聞いて発音し、文章になるよう以下の言葉を並べ替えましょう。答えは一つとは限りません。
Escucha y repite. Ordena las frases usando la información entre paréntesis. Puede haber más de una respuesta.

例 (móvil / padre / de / es / mi /el) Es el móvil de mi padre. (de / amigas / son / Marta / las) Son las amigas de Marta.

1. (mi / mis / padres / hermanos / familia) Es ___ _____, mis _____ y _____.
2. (mi / Japón / casa / de) Es _____.
3. (Perú / mis / de / amigos) Son _____.
4. (de / Rubén / es / Juan / abuelo / el) _____.
5. (los / Rubén / padres /de) Son _____.
6. (Es / Rubén /diccionario /de/ el) _____.
7. (de / María / Son / lápices / los) _____.
8. (de / Laura / es / Pedro / hermana /la) _____.

18 B 🔛 以下の図と例を参考に音声の質問に答えましょう。Mira el gráfico y escribe las respuestas a las preguntas del audio según el modelo.

> quién 英語の"who"、quiénesはその複数に相当するよ。

例 A: ¿Quién es el padre de Rubén?　B: El padre de Rubén es Antonio.
　 A: ¿Quiénes son María y Antonio?　B: María y Antonio son los padres de Rubén.

19
1. _____
2. _____
3. _____
4. _____
5. _____
6. _____
7. _____
8. _____
9. _____
10. _____

Emilio 祖父 ─ Elisa 祖母　　Riqui 母の猫
Antonio 父 ─ María 母
Teresa 姉　Javier 兄　Rubén 本人
Paula 姉の友人　Marisa 姉の友人　Juan 本人の友人

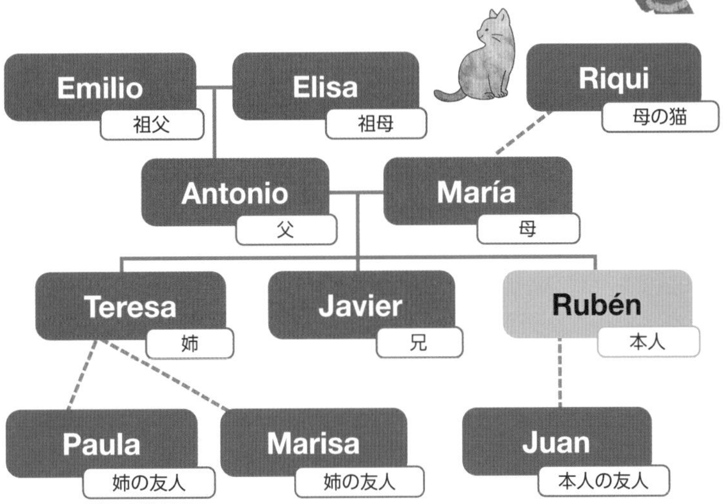

スペイン語圏の国々　Países hispanos

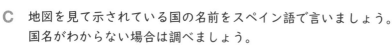

20 A 音声を聞いて発音しましょう。Escucha y repite.

B 以下の国の名前をスペイン語で言いましょう。
Di el nombre de estos países en español.

1. ベネズエラ　　2. ボリビア　　3. パナマ　　4. パラグアイ
5. ホンジュラス　　6. コスタリカ　　7. ドミニカ共和国

C 地図を見て示されている国の名前をスペイン語で言いましょう。
国名がわからない場合は調べましょう。
Mira el mapa e intenta decir en español los nombres de estos países. Si no los sabes, averigua.

1. _____ 2. _____ 3. _____ 4. _____ 5. _____

21 D 👥 音声を聞いて発音し、次に以下の国の首都はスペイン語で何と言うか調べ、例を参考にクラスメートと国の首都（capital）を言ってみましょう。また、発音があっているか先生と確認しましょう。Escucha y repite.
Luego pregunta a tu compañero/a cuál es la capital de estos países. Usa las frases del ejemplo. Comprueba la pronunciación con el/la profesor/a.

例　**A**: ¿Cuál es la capital de España?　**B**: Es Madrid.

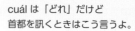

cuál は「どれ」だけど首都を訊くときはこう言うよ。

1. キューバ　　2. メキシコ　　3. ペルー　　4. アルゼンチン　　5. チリ　　6. コロンビア　　7. パラグアイ

22 E 👥 スペイン語で何と言うか調べてクラスメートと練習しましょう。また、発音があっているか先生と確認しましょう。Averigua cómo se dicen los siguientes nombres geográficos en español y practica con tu compañero/a siguiendo el ejemplo. Comprueba la pronunciación con el/la profesor/a.

例　**A**: ¿Cómo se dice チチカカ湖 en español?　**B**: Se dice "Lago Titicaca".

1. パナマ運河　　2. アンデス山脈　　3. ガラパゴス諸島　　4. イースター島　　5. マゼラン海峡

課のまとめと応用　Repaso final

23 A Davidの話す内容を聞いて以下の質問に答えましょう。Escucha el audio y contesta a las siguientes preguntas.

1. ¿Cuál es la capital de Venezuela?
2. ¿Quién es Margarita?
3. ¿Quién es キナ?
4. ¿Cómo se escribe キナ?
5. ¿Quién es el amigo de David?

課のまとめの音声は何度も聞いて耳を慣らしてから先生と内容を確認してね。
最初は音がつながって聞こえても、慣れてくると文として認識できるようになるよ。

24 B 音声の質問に答えましょう。（5問）Contesta a las preguntas del audio.

25 C 音声の文が答えになる疑問文を言いましょう。（3問）Di las preguntas para las frases del audio.

大学に入った時、何となくスペイン語を身近に感じていた僕はスペイン語の授業を選択したんだ。スペイン人の先生は初めてで新鮮だったな。授業では最初に自己紹介を教えられて、僕の専攻を紹介したり、クラスメートの事も知ることができたんだ。

ヒント

Me gusta el fútbol. 私はサッカーが好きです。
Mucho gusto. (知りあえて) 嬉しいです。よろしく。
nombre 名前　**apellido** 苗字　**facultad** 学部
literatura 文学　**japonés / japonesa** 日本人
mira 見て (注意をひくための表現)
coreano/a 韓国・朝鮮人　**economía** 経済学

1 **A** 音声を聞きましょう。 Escucha el audio.

B 音声を止めながら発音練習をしましょう。
Vuelve a escuchar y repite deteniendo el audio.

C 右のヒントを参考に、音声の内容の意味を予想しましょう。
Vuelve a escuchar e intenta comprender el significado mirando el vocabulario.

スペイン語圏の人には日本の苗字と名前はどちらかわからないことも多いからnombreとapellidoは覚えておこう。

D 音声の内容に従って右と左を結びましょう。 Intenta unir las columnas.

1. Es amiga de Ken.
2. Es de Gunma.
3. Es de España.
4. Es estudiante de Economía.

a. Erina
b. Ken Yoshida
c. Yuna
d. Francisco García

E 以下に入る語を音声から探して言ってみましょう。 Vuelve a escuchar, completa las frases y lee.

1. Yo soy Francisco García. Soy _____ de español.
2. Yo no soy japonesa, soy _____.
3. Ken es estudiante de la _____ de Literatura.

音読して練習しよう

CHECK!
練習帳

2 **A** 音声を思い出しながら練習帳スクリプトを音読しましょう。Practica la lectura del texto en el cuaderno de ejercicios.

B 音声を聞いて例を参考にクラスメートと話しましょう。Practica con tu compañero/a siguiendo el modelo.

例　**A**: ¡Hola! Me llamo Keita. Soy de Osaka. Soy estudiante de la Facultad de Literatura, ¿y tú?
　　B: ¡Hola! Me llamo Ririka. Soy de Yamanashi. Yo también soy estudiante de Literatura.

tambiénは日本語の「〜も」にあたるよ。学部名のスペイン語がわからなかったら英語や日本語でいいよ。

この課の目標

コミュニケーション：名前、出身、大学の学部などを使って自己紹介、簡単なやりとりができる。
スペイン語の簡単なフォームを埋めることができる。
文法：主語人称代名詞、ser動詞を使うことができる。否定文・疑問文を理解し、作ることができる。
語彙・表現：国名・国籍・職業の表現を使うことができる。
綴りと発音：c＋母音とz＋母音の読み方がわかる。

1 主語人称代名詞　Pronombres personales de sujeto

A 🔊 音声を聞いて発音した後、スペイン語の主語にはどんな特徴があるか、気が付いたことをクラスメートや先生と意見交換しましょう。Escucha el audio y repite. Luego observa la tabla y comenta con tu compañero/a y el/la profesor/a sobre las características de los pronombres.

	単数形 singular		複数形 plural	
1人称	yo	私は	nosotros / nosotras	私達は
2人称	tú	君は	vosotros / vosotras	君達は
3人称	él /ella	彼は、彼女は	ellos / ellas	彼らは、彼女らは
	usted (Ud./ Vd.*)	あなたは（敬称）	ustedes (Uds. / Vds.)	あなた方は（敬称）

主語代名詞は動詞の活用形や文脈から主語が特定されるときはよく省略されます。＊Ud.とVd.はustedの、Uds.とVds.はustedesの省略形。

B 以下の語を示す主語人称代名詞を書きましょう。Escribe el pronombre que corresponde.

例　mi padre y yo → nosotros

1. María y yo →　　　　2. mi madre　　　→
3. el profesor →　　　　4. Teresa y Ana　→
5. Elena y tú →　　　　6. Rubén y nosotras →

ラテンアメリカのスペイン語圏の国々では日常的にはvosotros/asを使わずustedesを使うよ。人口比ではvosotrosを使わない人達の方がずっと多いんだ。

2 動詞 ser　Verbo ser

A 音声を聞いて発音し、英語と比較して気が付いたことをクラスメートや先生と話しましょう。
Escucha el audio y repite. Luego observa, compara con el inglés y comenta con tu compañero/a.

ser			
yo	soy	nosotros / nosotras	somos
tú	eres	vosotros / vosotras	sois
él / ella / usted	es	ellos / ellas / ustedes	son

B 音声の主語に続く ser の活用形を言いましょう。Escucha y di la forma que corresponde.

1.　　2.　　3.　　4.　　5.　　6.　　7.　　8.

C 活用形を聞いて主語人称代名詞を言いましょう。Escucha y di el pronombre que corresponde del verbo ser.

1.　　2.　　3.　　4.　　5.　　6.

綴りと読みを覚えよう ④　　Ortografía y pronunciación ④

A 聞いて発音し、cとzの読み方を確認しましょう。Escucha y repite. Fíjate cómo se pronuncian según las vocales.

C, c (ce)
cine, cebolla / Colombia, cacao, Cuba

Z, z (zeta)
zigzag, zeta, zapato, zoo, Venezuela

B 以下の単語を発音し、音声を聞いて確認しましょう。
Lee las siguientes palabras y comprueba con el audio.

1. cinta　2. cámara　3. zoológico　4. zen　5. zanahoria　6. centro　7. cocina　8. azúcar

3 否定文 Negativo

9 A 音声を聞いて発音し、否定文の作り方を確認しましょう。Escucha, repite y comprueba cómo se forma el negativo.

肯定文 frase afirmativa	否定文 frase negativa
Soy japonés.	**No** soy japonés.
Yo soy japonés.	Yo **no** soy japonés.

10 B Aで理解した規則に従って音声の文を否定文で言いましょう。Escucha el audio y cambia la frase a negativo.

1.　　　2.　　　3.　　　4.　　　5.　　　6.　　　7.　　　8.

否定文も疑問文もまずは音のレベルでパターンをつかんで、語順について考えなくても言えるようになってね。それができるようになったら書いて練習してみよう。

4 疑問文 Interrogativo

11 A 音声を聞いて発音し、表を参考に疑問詞のない疑問文の作り方を確認しましょう。Escucha y repite. Luego mira la tabla y comprueba cómo se forman las preguntas sin interrogativo.

肯定文 frase afirmativa	疑問文 frase interrogativa
Aika es japonesa.	パターン1 ¿Es Aika japonesa?
	パターン2 ¿Es japonesa Aika?
	パターン3 ¿Aika es japonesa?

12 B Aの表のパターン1を使って、音声の文を疑問文で言いましょう。Escucha y haz preguntas como en el modelo 1 de la tabla.

1.　　　2.　　　3.　　　4.　　　5.　　　6.

13 C 音声を聞いて発音し、例を参考に練習しましょう。Escucha, repite y practica siguiendo el modelo.

例 (Mari, Osaka, Tokio)　A: ¿Es Mari de Osaka?　B: Sí, es de Osaka.
　　　　　　　　　　　　A: ¿Es Mari de Tokio?　B: No, no es de Tokio. Es de Osaka.

1. (Alex, Sevilla, Madrid)　2. (Clara y Paula, Chile, Perú)　3. (ustedes, China, Corea)

14 D 音声を聞いて発音し、疑問詞のある疑問文の語順について先生と確認しましょう。Escucha y repite. Luego observa estos ejemplos y comprueba con el/la profesor/a cómo se forman las preguntas con interrogativo.

語順を覚えるには最初、よく使う文をフレーズ単位で音で覚えるといいよ。

1. ¿**Cómo** estás tú?　　2. ¿**Quién** es Marta?
3. ¿**Cuál** es la capital de Japón?　　4. ¿De **dónde** son ustedes?

E 以下の語句を使って疑問文を作りましょう。Haz preguntas con la siguiente información.

1. (es, Gabriela, quién)　2. (dónde, tú, eres, de)　3. (la profesión, es, de, cuál, Santiago)

段

1 国名と国籍 Países y nacionalidades

> 言語は国籍の男性単数形と同じ形の名詞で言えるよ。
> 例：francés フランス語

15 A 音声を聞いて発音しましょう。Escucha y repite.

国名	～人男性形単数	～人女性形単数	～人男性形複数	～人女性形複数
México	mexicano	mexicana	mexicanos	mexicanas
Argentina	argentino	argentina	argentinos	argentinas
China	chino	china	chinos	chinas
España	español	española	españoles	españolas
Inglaterra	inglés	inglesa	ingleses	inglesas
Alemania	alemán	alemana	alemanes	alemanas
Francia	francés	francesa	franceses	francesas
Estados Unidos	estadounidense	estadounidense	estadounidenses	estadounidenses

B Aの表の国名と国籍を音声と同じように発音できるかクラスメートとチェックしあいましょう。Ahora lee las palabras de A y comprueba con tu compañero/a si la lectura coincide con el audio.

16 C 音声を聞いて発音し、例を参考にクラスメートと練習しましょう。Escucha y repite. Luego practica con tu compañero/a siguiendo el modelo.

例 (Elsa, Tijuana)　A: ¿De dónde es Elsa?　B: Ella es de Tijuana. Ella es mexicana.

1. (Harry, Londres)
2. (Hanna, Berlín)
3. (Mario y Giovanni, Roma)
4. (Elena y Valeria, Buenos Aires)
5. (tú, Lima)
6. (usted, París)
7. (Antonio, Madrid)
8. (ustedes, Ciudad de México)

> dóndeは「どこ」、¿De dónde es Guadalupe?は「Guadalupeはどこの出身ですか」という意味だよ。

2 職業 Profesiones

17 A 音声を聞いて発音しましょう。Escucha y repite.

ⓐ estudiante　ⓑ camarero　ⓒ funcionario 役所　ⓓ secretario
ⓔ enfermero　ⓕ deportista　ⓖ médico　ⓗ empleado*

*元の意味は「雇われている人」。オフィスで働く会社員以外にも使用することができます。

B Aの表の単語の意味を調べ、女性単数形、男性複数形、女性複数形を先生と確認しましょう。Averigua el significado de las palabras de A y comprueba cómo se forma el femenino singular, y el masculino y el femenino plural.

18
C 🔊 音声を聞いて発音しましょう。次に例とＡの表の職業をアルファベット順に使ってクラスメートと練習しましょう。Escucha y repite. Luego practica con tu compañero/a usando la información de la tabla A según el modelo.

職業を示す場合は、Elena es estudiante. の es と estudiante の間に何も入れなくていいよ。

例　a. (Elena, estudiante)　A: ¿Cuál es la profesión de Elena?　B: Ella es estudiante.

b. Pablo　c. Eva　d. Raquel　e. Raúl y Julio　f. Ana y tú　g. Clara y ella　h. Mario y usted

19
D 🔊 音声を聞いて以下の人について文章で答えましょう。Noの場合は正しい職業も言いましょう。
Escucha las preguntas sobre las profesiones de 1 a 4 y responde. En caso negativo, di la profesión que corresponde.

SíやNoを抜かしてしまう人が多いけど、スペイン語では大切なので最初は意識して入れるようにしよう。

- a Eduardo enfermero
- b Yuto deportista
- c Elisa y Aldo médicos
- d Keita y Yuki funcionarios

3 自己紹介 Presentación personal

20
A 留学生同士が自己紹介する場面です。会話文の空欄に適切な語を入れ、音声を聞いて確認しましょう。解答は一つとは限りません。Completa el siguiente diálogo y comprueba con el audio. Puede haber más de una respuesta.

1. Hola, ¿_____ tal? _____ Alejo.
2. Hola, Alejo. Yo ___ Pablo. ¿De dónde ___ tú?
3. _____ de Colombia, de Bogotá, ¿y tú?
4. ¿Yo? De Ecuador. Pero mi amiga Cecilia también es _____.
5. ¡Qué bien! ¿Ella también _____ de la Facultad de Literatura?
6. No, ella y yo _____ de Economía. Bueno, encantado, Alejo.
7. Mucho gusto. Hasta luego.
8. _____

pero でも
encantado/a よろしく

B 🔊 音声を聞いてクラスメートとＡを参考に会話の練習をしましょう。発音やイントネーションに注意しましょう。Escucha el diálogo A y practica con tu compañero/a. Presta atención a la entonación.

C 🔊 次に自分も留学生になったつもりで会話文を作り、クラスメートと練習しましょう。あいさつ、出身、名前、学部などは調べて変えてかまいません。Haz un diálogo similar con tu compañero/a. Puedes cambiar los saludos, la procedencia, los nombres y las facultades, buscando otras palabras en el diccionario o en la web.

IDカード DNI (Documento Nacional de Identidad)

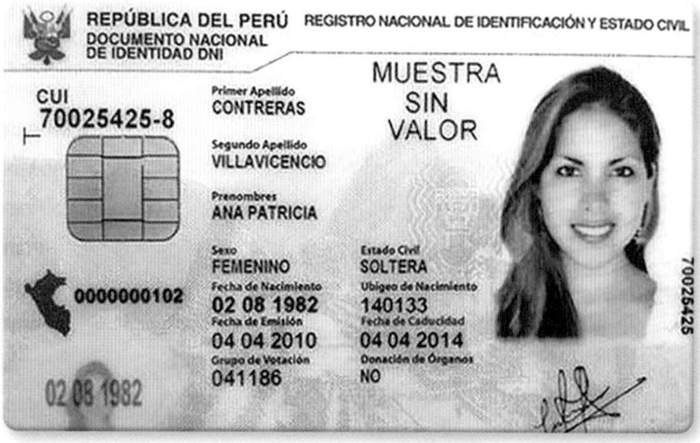

スペイン語圏は国によって様々な個人データが記されているIDカードが使われているよ。ペルーの「サンプル」を見てみよう。

Ubigeo de Nacimiento
ペルーで用いられる出生地を示すコード

A 以下の日本語に相当すると思われるスペイン語を写真から選び、○をつけ、わかる範囲で以下にスペルを記入しましょう。次にこのIDカードの人物についてのデータを書き、先生と確認しましょう。Mira la foto del DNI y marca con un círculo las palabras en español que coinciden con las siguientes palabras en japonés. Luego trata de escribirlas, y completa con los datos de la persona de la foto. Por último, comprueba con el/la profesor/a.

第一の姓 = Primer apellido → Contreras
第二の姓 = ______ → ______
名前 = ______ （二つ） ______ , ______
性別 = ______ → ______
生年月日 = ______ → ______
婚姻情報 = ______ → ______
個人番号 = ______ → ______
有効期限 = ______ → ______
臓器提供意思 = ______ → ______

B スペイン語圏のフォームでよく聞かれる項目を自分の、または架空のデータで可能な範囲で埋めましょう。
Completa hasta donde puedes el siguiente formulario con tus datos o con datos ficticios.

Número de documento de identidad / Pasaporte ______
Nacionalidad ______
Nombre ______
Primer apellido ______ Segundo apellido ______
Fecha de nacimiento ______ Sexo (Género) ______
Teléfono móvil ______ Correo electrónico ______

課のまとめと応用 Repaso final

21 **A** 質問に答えましょう。Escucha y contesta a las siguientes preguntas.

1. ¿Quién es él?
2. ¿De dónde es?
3. ¿Es mexicano?
4. ¿Cuál es la profesión de él?
5. ¿Es escritor también?

22 **B** 音声の質問に答えましょう。（5問）Contesta a las preguntas del audio.

23 **C** 音声の文が答えになる疑問文を言いましょう。（3問）Di las preguntas para las frases del audio.

第4章　聞いて考えよう

大学ではアルゼンチン人の先生もいたのが印象に残っているよ。先生は自身のことやアルゼンチンのことなどいろいろな話をしてくれたな。授業は厳しかったけど、先生のパーソナリティが好きになったよ。僕の先生がどんな感じの先生か聞いてみてね。

1 A 音声を聞きましょう。Escucha el audio.

B 音声を止めながら発音練習をしましょう。
Vuelve a escuchar y repite deteniendo el audio.

C 右のヒントを参考に、音声の内容の意味を予想しましょう。
Vuelve a escuchar e intenta comprender el significado mirando el vocabulario.

ヒント
todos みんな
Tengo treinta años. 私は30歳です。
alegre 陽気な　**trabajador/a** 働き者の
además 更に　**hablador/a** おしゃべりな
deporte スポーツ
bicicleta de montaña マウンテンバイク
nuestro/a 私たちの　**joven** 若い　**bastante** かなり
un poco 少し　**delgado/a** やせている　**pelo** 髪
largo/a 長い　**ojo** 目　**marrón** 茶色
simpático/a 感じがいい

D **A**の音声から以下の答えになると思われるスペイン語を聞き取って言いましょう。
Trata de encontrar en el audio de A las respuestas de estas preguntas.

a.　¿Quién es Marcela?　　b.　¿De dónde es ella?

c.　¿Es joven?　　d.　¿Es alegre?

音読して練習しよう

CHECK!
練習帳

2 A 音声を思い出しながら練習帳のスクリプトを音読しましょう。Practica la lectura del texto en el cuaderno de ejercicios.

B 自分のスペイン語の先生について書き、クラスメートと一致しているか確認しましょう。
Describe a tu profesor/a de español y compara con lo que escribió tu compañero/a.

わからない言葉があったらスマホや辞書で調べてね。形容詞の形に注目してね。

例　El nombre de mi ＿＿＿＿＿＿ de español es ＿＿＿＿＿＿.
　　Es ＿＿＿＿＿＿ (国名や国籍). Es ＿＿＿＿＿＿ (外見か性格).

この課の目標

コミュニケーション：身近な人物やペットの外見や性格についての簡単な描写ができる。
文法：tener を活用できて文脈の中で使える。名詞の数・性に合わせて不定冠詞が使える。基本的な形容詞の意味と変化がわかり、程度の表現とも組み合わせて使える。所有形容詞前置形の意味を理解して使える。
語彙・表現：30までの数を理解して使える。
綴りと発音：ll＋母音とy＋母音、yの読み方がわかる。

1 動詞 tener Verbo tener

A 🔊 音声を聞いて発音した後、英語と比較して気が付いたことがあればクラスメートや先生と話しましょう。
Escucha y repite. Luego observa, compara con el inglés y comenta con tu compañero/a y tu profesor/a.

tener			
yo	**tengo**	nosotros	**tenemos**
tú	**tienes**	vosotros	**tenéis**
él	**tiene**	ellos	**tienen**

＊この課以降、主語人称代名詞
が複数ある活用形については、
スペース等の関係から表記を
一つのみとします。

> tenerは英語の "have" にあたる動詞
> だよ。でも英語と違う使い方もあるか
> ら気を付けてね。

B 🔊 音声の主語に続く tenerの活用形を言いましょう。Escucha y di la forma que corresponde del verbo tener.

1.　　　　2.　　　　3.　　　　4.　　　　5.　　　　6.　　　　7.　　　　8.

C 🔊 活用形を聞いて主語人称代名詞を言いましょう。Escucha y di el pronombre que corresponde.

1.　　　　2.　　　　3.　　　　4.　　　　5.　　　　6.

D 🔊 音声を聞いて発音し、意味を予想して左右の文をつなぎましょう。Escucha y repite. Luego piensa en el significado de estas frases y une las frases de la izquierda con las de la derecha.

例　1. ¿Cuántos años tienes?　　　•　　　•　a. María tiene el pelo largo y negro.
　　2. ¿Tienes hermanos?　　　　•　　　•　b. Sí, tengo un hermano.
　　3. ¿Cómo tiene el pelo María?　•　　　•　c. Tengo treinta años.

2 不定冠詞 Artículos indeterminados

🔊 音声を聞いて発音し、気が付いたことをクラスメートや先生と話しましょう。
Escucha y repite. Luego observa y comenta con tu compañero/a y tu profesor/a.

	男性形 masculino	女性形 femenino
単数形 singular	**un** niño	**una** niña
複数形 plural	**unos** niños	**unas** niñas

> 不定冠詞は英語の "a" "an"
> にあたるよ。複数になると
> 英語の "some" のように
> 「幾つかの」「何人かの」と
> いう意味になるよ。

3 形容詞 Adjetivos

A 🔊 音声を聞いて発音し、気が付いたことをクラスメートや先生と話しましょう。
Escucha, repite, y luego observa y comenta con tu compañero/a y tu profesor/a.

男性形単数	女性形単数	男性形複数	女性形複数
alto	alta	altos	altas
nuevo	nueva	nuevos	nuevas
viejo	vieja	viejos	viejas
inteligente	inteligente	inteligentes	inteligentes
interesante	interesante	interesantes	interesantes

> この表にある形容詞
> は基本的なパターン
> だよ。練習帳に補足
> があるよ。

CHECK!
練習帳

B 🔊 例を参考に文を作りましょう。　例 (Rafael, alto) → **A**: ¿Cómo es Rafael? **B**: Rafael es alto.
Escribe frases siguiendo el modelo.

1. (el coche, nuevo)　　2. (el libro, interesante)　　3. (Rosa, alto)

4. (la escuela, viejo)　　5. (Mónica, inteligente)

> cómoは「どのような」
> という意味だよ。

C 右の例を参考に以下の日本語をスペイン語にしましょう。
Escribe los siguientes textos en español siguiendo el modelo.

1. 一人の背の高い男の子　　2. 何軒かの古い家

3. 何人かの背の高い女の子　　4. 数冊の新しい辞書

un estudiante inteligente　unos estudiantes inteligentes

D 例を参考に以下の日本語をスペイン語にしましょう。Escribe las siguientes frases en español siguiendo el modelo.

例　 Es **muy** alto.　　 Es **bastante** alto.　　 Es **un poco** viejo. **No** es **muy** alto.

1. Fernando はとても頭がいい。　　2. Alicia と Gloria はとても背が高い。　　3. 私の携帯は少し古い。

4. その本 (el libro) はあまり面白くない。　　5. 私の学校はかなり新しい。

4 所有形容詞前置形　Adjetivos posesivos

A 👥 以下は「私の」など、所有を表す形容詞です。音声を聞いて発音し、何に従って形が変わるか気が付いたことをクラスメートや先生と確認しましょう。Mira las tablas y comenta sobre los cambios de género y número de los posesivos. Luego comenta con tu compañero/a y tu profesor/a.

所有者	単数	複数	所有者	単数	複数
yo	mi hijo	mis hijos	nosotros/nosotras	nuestro hijo	nuestros hijos
tú	tu hijo	tus hijos	vosotros/vosotras	vuestro hijo	vuestros hijos
él, ella, usted	su hijo	sus hijos	ellos, ellas, ustedes	su hijo	sus hijos

所有者	単数	複数	所有者	単数	複数
yo	mi hija	mis hijas	nosotros/nosotras	nuestra hija	nuestras hijas
tú	tu hija	tus hijas	vosotros/vosotras	vuestra hija	vuestras hijas
él, ella, usted	su hija	sus hijas	ellos, ellas, ustedes	su hija	sus hijas

所有される名詞の性と数に注目してね。

B 例を参考に適切な所有形容詞を書きましょう。Escribe el posesivo siguiendo el modelo.

例　(yo, libro) → mi libro

1. (tú, móvil)　　2. (yo, perros)　　3. (nosotros, hija)　　4. (usted, gata)

5. (vosotras, padre)　6. (nosotros, gatas)　7. (ustedes, casa)　8. (ustedes, profesora)

Ortografía y pronunciación ⑤　　**綴りと読みを覚えよう ⑤**

A 音声を聞いて発音し、読み方を確認しましょう。Escucha y repite. Fíjate cómo se pronuncian según las vocales.

LL, ll
paella, lluvia, camello, calle, apellido

Y, y (ye, i griega)　yi は殆ど使われません。
yate, yen, yoga, yudo / y, muy, Paraguay

これらの発音には地域差があるよ。

B 以下の単語を発音し、音声を聞いて確認しましょう。
Lee las siguientes palabras y comprueba con el audio.

1. Yemen　2. desayuno　3. llama　4. cepillo　5. folleto　6. yogur　7. allí　8. allá

1 30までの数 Números hasta 30

13 A 音声を聞いて発音し、言えるようにしましょう。Escucha, repite y aprende.

11 once	12 doce	13 trece	14 catorce	15 quince
16 dieciséis	17 diecisiete	18 dieciocho	19 diecinueve	20 veinte
21 veintiuno	22 veintidós	23 veintitrés	24 veinticuatro	25 veinticinco
26 veintiséis	27 veintisiete	28 veintiocho	29 veintinueve	30 treinta

16から29までは元の数字から想起できるから覚えやすいね。

14 B 音声を聞いて該当する数を算用数字で書きましょう。Escucha y escribe los números.

a. _____ b. _____ c. _____ d. _____ e. _____ f. _____ g. _____ h. _____

15 C 例を参考に、足し算と引き算を聞いて答えを記入しましょう。Escucha el siguiente audio y escribe en números el resultado de las sumas o de las restas.

例 2 + 4 = 6 Dos más cuatro son seis. 5 − 2 = 3 Cinco menos dos son tres.

a. _____ b. _____ c. _____ d. _____ e. _____ f. _____ g. _____ h. _____

2 tenerの演習 Práctica del verbo tener

A tenerを使って以下の文をスペイン語で言いましょう。Di las siguientes frases en español usando el verbo tener.

1. **A**: 君は何歳？　　　　　　　　**B**: 私は20歳です。
2. **A**: 免許証 (licencia de conducir) 持ってる？　　　　　**B**: うん、持ってる。
3. **A**: 兄弟は何人いる？　　　　　**B**: 兄弟はいません。　　　**B**: 兄が一人います。
4. **A**: ペット (mascotas) 飼ってる？　**B**: はい、猫を一匹飼っています。　**B**: いいえ、飼っていません。

B 🗫 例に従って複数のクラスメートに質問し、以下に当てはまる人を探しましょう。Haz preguntas a tus compañeros/as siguiendo el modelo y completa la tabla.

¿Quién/es tiene/n dos móviles?	Alejandro tiene dos móviles.
¿Quién/es tiene/n 19 años?	
¿Quién/es tiene/n dos hermanas?	
¿Quién/es tiene/n licencia de conducir?	
¿Quién/es tiene/n animal/es? ¿Qué animal/es?	
¿Quién/es tiene/n bicicleta de montaña?	

例 **A**: ¿Tienes 19 años?
　　B: No, tengo 20 años.

3 外見・性格など Apariencia física y personalidad

A 音声を聞いて発音しましょう。Escucha y repite.

16 ①

gordo	delgado	joven	viejo	alto	bajo	bonito	feo	grande	pequeño

17 ② tranquilo   alegre   trabajador   inteligente   hablador   callado   tímido
serio   simpático   antipático   amable   bueno   malo

18 ③

pelo largo	pelo corto	pelo negro	pelo rubio	ojos marrones	ojos negros	ojos grandes	ojos pequeños

19 B 音声を聞いて発音し、例文の意味を考え、先生と確認しましょう。Escucha y repite. Luego piensa en el significado de los ejemplos y comprueba con el/la profesor/a.

例 Pedro es muy alt**o** y tiene el pelo cort**o**.   María es muy alt**a** y tiene el pelo cort**o**.
Luisa y Ana son alt**as** y tienen el pelo cort**o**.

4 人物やペットの描写 Descripción de personas y mascotas

20 A 音声を聞き、それぞれの内容に当てはまる写真を下から選びその文字を記入しましょう。Escucha y coloca la letra (a, b, c…) de la foto que corresponde.

1. _____
2. _____
3. _____
4. _____
5. _____
6. _____
7. _____
8. _____

gafas 眼鏡
loro オウム

21 B 👥 音声を聞いて発音し、自分の年齢、外見や性格について記述し、クラスメートと練習しましょう。Escucha y repite. Luego describe tu edad, tu apariencia física y tu carácter. Practica con tu compañero/a.

例 **A**: ¿Cuántos años tienes?   **B**: Tengo 19 años.   **A**: ¿Cómo eres tú?   **B**: Yo soy alegre.
A: ¿Cómo tienes los ojos?   **B**: Yo tengo los ojos azules.   **A**: ¿Cómo tienes el pelo?   **B**: Tengo el pelo largo.

22 C 家族や友人、ペットなど、身近な人や動物を選び、例を参考に描写しましょう。
Describe a alguna persona cercana tuya o una mascota, siguiendo el ejemplo.

例 Nuestro perro se llama Quique. Es un *shiba inu*. Es pequeño y joven. Tiene solo un año.
Es muy simpático y alegre, pero no es muy inteligente. Es un poco gordo. Tiene los ojos
pequeños y tiene el pelo corto.

移民の国アルゼンチン　Argentina, un país de inmigrantes

23 **A**　音声を聞いて発音しましょう。Escucha y repite por frases.

La profesora Fernández es de Argentina. Sus padres también son argentinos, pero sus abuelos son de España y de Italia.

24

　　Argentina es un país de inmigrantes. Los inmigrantes de Europa son principalmente de España e Italia, pero Argentina también tiene inmigrantes de los países de Europa del Este, como Polonia y otros. Del Medio Oriente, los inmigrantes son principalmente de Israel y del Líbano. De Asia, los inmigrantes son de Japón, Corea del Sur y China. Últimamente también tiene muchos inmigrantes de África, sobre todo de Senegal. Además, por supuesto, tiene inmigrantes de diversos países latinoamericanos, como Bolivia, Paraguay, Perú y actualmente muchos inmigrantes son de Venezuela.

B　**A**の内容を読んで以下の質問にスペイン語で答えましょう。

Lee el texto de A y contesta a las siguientes preguntas.

1. ¿De dónde son los padres y los abuelos de la profesora Fernández?
2. ¿De qué países son los inmigrantes de Europa en Argentina?
3. ¿Argentina tiene inmigrantes de Japón?
4. ¿De dónde son los inmigrantes de Latinoamérica en Argentina?

país 国
inmigrante 移住者
principalmente 主に
últimamente 最近
mucho/a 多くの
sobre todo 特に
por supuesto もちろん
diverso/a 様々な
actualmente 現在

課のまとめと応用　　**Repaso final**

25 **26** **A**　🏃 互いにパートナーであるArturoとSilviaがパートナーの理想と現実についてインタビューに答えます。彼らの話す内容を整理し、どちらがより理想に近いパートナーを選んでいるかクラスメートと意見交換をしましょう。Escucha las entrevistas y habla con tu compañero/a sobre cuál de los dos ha elegido la persona ideal.

Silviaの理想	Silviaの現実	Arturoの理想	Arturoの現実

pregunta 質問　**hombre** 男性　**ideal** 理想の　**fuerte** 強い　**azul** 青い　**guapo/a** 美形の　**novio/a** 恋人
mujer 女性　**moreno/a** 髪や肌の色が濃い　**ni...** ～でもない

27 **B**　音声の質問に答えましょう。（5問）Contesta a las preguntas del audio.

28 **C**　音声の文が答えになる疑問文を言いましょう。（3問）Di las preguntas para las frases del audio.

第5章 **聞いて考えよう**

僕にとって大学生活は新鮮だったな。キャンパスにはいろいろあるし、外国人の先生や留学生もキャンパス内でよく見かけたよ。時々授業で一緒になって学内のことを聞かれたりして話すようになったから、彼らを身近に感じるようになったと思う。

1 **A** 音声を聞きましょう。Escucha el audio.

B 音声を止めながら発音練習をしましょう。
Vuelve a escuchar y repite deteniendo el audio.

C 右のヒントを参考に、音声の内容の意味を予想しましょう。
Vuelve a escuchar e intenta comprender el significado mirando el vocabulario.

ヒント
en... ～に　centro 中心部　ciudad 都市・町 lejos 遠い　allí そこ・あそこに/で　campus キャンパス hay ある　muchos/as たくさんの　edificio 建物 biblioteca 図書館　comedor 食堂 tienda de conveniencia コンビニ　librería 本屋 cerca 近くに　supermercado スーパー extranjero/a 外国の　claro もちろん ahí そこに/で　De nada. どういたしまして。

D 音声の内容から、Ken の大学にあると思われるものに○をつけましょう。
Marca con un círculo lo que piensas que hay en la universidad de Ken.

¿Qué hay en la universidad de Ken? ¿Hay o no hay?
dos bibliotecas　muchos edificios　muchas librerías　cuatro comedores muchas tiendas de conveniencia　muchas cafeterías　estudiantes extranjeros

E 音声を聞いて答えに○をしましょう。Vuelve a escuchar y marca con un círculo la respuesta correcta.

Elena: ¿Dónde está el edificio 10?　　**Ken**: Está (aquí　ahí　allí).

音読して練習しよう

CHECK!
練習帳

2 **A** 🔊 音声を思い出しながら練習帳のスクリプトを音読しましょう。Practica la lectura del texto en el cuaderno de ejercicios.

B 右の語彙と例を参考に自分の大学のキャンパスについてクラスメートと話しましょう。Practica con tus compañeros usando este modelo y el vocabulario de arriba.

tiendas de conveniencia
biblioteca　edificio
librería　supermercado

例　**A**: ¿Hay cafeterías en el campus?　　**B**: Sí, hay cafeterías.
　　A: ¿Cuántas cafeterías hay en el campus?　　**B**: No sé*. Creo que** hay dos.

* "I don't know".　** "I think..."に相当する表現。

cuántos は 英 語 の "how many"にあたるよ。後ろに来る名詞の性に従って cuántos gatos, cuántas gatas のように形が変わるよ。

この課の目標	コミュニケーション：あるもの・ないもの、いるもの・いないものを表現することができる。 　　　　　　　　　　身近なもののある距離を表現できる。 文法：hay の意味がわかり、文脈の中で使える。estar の活用ができて文脈の中で使える。指示形容 　　　詞が使える。 語彙・表現：30～100 までの数、場所を表す副詞、キャンパスと周辺にあるものの表現が使える。 綴りと発音：d＋母音と t＋母音の読み方がわかる。r と r＋母音、rr＋母音の読み方がわかる。

1 指示形容詞 Adjetivos demostrativos

3 **A** 👥 音声を聞いて発音し、英語と比較して気が付いたことをクラスメートや先生と話しましょう。Escucha el audio y repite. Luego observa, compara con el inglés y comenta las diferencias con tu compañero/a y con el/la profesor/a.

		singular 単数		plural 複数	
＋男性名詞 masculino	この建物	**este** edificio	これらの建物	**estos** edificios
	その建物	**ese** edificio	それらの建物	**esos** edificios
	あの建物	**aquel** edificio	あれらの建物	**aquellos** edificios
＋女性名詞 femenino	このカフェ	**esta** cafetería	これらのカフェ	**estas** cafeterías
	そのカフェ	**esa** cafetería	それらのカフェ	**esas** cafeterías
	あのカフェ	**aquella** cafetería	あれらのカフェ	**aquellas** cafeterías

4 **B** 音声を聞いて意味を言いましょう。Escucha y di el significado.

> 例 esta casa → この家

1.　　　2.　　　3.　　　4.　　　5.　　　6.　　　7.　　　8.

2 動詞 haber (hay) Verbo haber

> Hay... は英語の "There is..." "There are..." に相当する表現だよ。

5 **A** 👥 音声を聞いて発音し、意味を予想して先生と確認しましょう。
Observa, piensa en el significado y comprueba con el/la profesor/a.

例 **A**: ¿Hay cafeterías en este campus?
　　　　　　　　　　　　　　　　　　　　B: Sí, hay una cafetería en este campus.
　　　　　　　　　　　　　　　　　　　　B: Sí, hay tres cafeterías en este campus.
　　　　　　　　　　　　　　　　　　　　B: Sí, hay cafeterías en este campus.
　　　　　　　　　　　　　　　　　　　　B: Sí, hay muchas cafeterías en este campus.
　　　　　　　　　　　　　　　　　　　　B: No, no hay cafeterías en este campus.
　　A: ¿Cuántas cafeterías hay en este campus?　　**B**: Hay tres cafeterías en este campus.
　　A: ¿Qué hay en este campus?　　**B**: Hay una cafetería muy bonita en este campus.

6 **B** 音声を聞いて意味を言いましょう。Escucha y di el significado.

> 例 Hay un gato allí. → あそこに猫がいる。

1.　　　2.　　　3.　　　4.　　　5.　　　6.　　　7.　　　8.

綴りと読みを覚えよう ⑥　　Ortografía y pronunciación ⑥

7 **A** 音声を聞いて発音し、読み方を確認しましょう。Escucha, repite y comprueba la pronunciación.

D, d (de)
dama, **de**, **de**do, **di**lema, **du**na

T, t (te)
tacos, **to**mate, **te**ma, **ti**po, **tu**ba

> du と tu の音に特に注意が必要だよ。ti も難しい時があるね。

8 **B** 以下の単語を発音し、音声を聞いて確認しましょう。
Lee las siguientes palabras y comprueba con el audio.

1. tímido　2. túnel　3. Honduras　4. tumba　5. tigre　6. duda　7. Tíbet　8. títere

3 動詞 estar　Verbo estar

9 A 🔊 🧑‍🤝‍🧑 音声を聞いて発音し、例文の意味を考え、先生と確認しましょう。Escucha y repite. Luego piensa en el significado de los ejemplos y comprueba con el/la profesor/a.

estar			
yo	estoy	nosotros	estamos
tú	estás	vosotros	estáis
él	está	ellos	están

> 英語で "I'm here." と言う ときのbe動詞にあたる動詞 だよ。どこかには存在する とわかっている人やものが、 どこにいる（ある）かいない（ない）かを示すよ。

10 🔊　例　**A**: ¿Dónde estás?　　　　　　　　**B**: Estoy en casa.
　　　A: ¿Estáis en la estación?　　　　　**B**: No. Estamos en la universidad.
　　　A: ¿Dónde está Tokyo Disneyland?　**B**: Está en Chiba.

11 🔊 B 音声を聞いて意味を言いましょう。Escucha y di el significado.

> 例　Él está en casa. → 彼は家にいる。

1.　　　2.　　　3.　　　4.　　　5.　　　6.　　　7.　　　8.

C 下線に当てはまるestarの活用形を入れ、文の意味を確認しましょう。Completa las frases con el verbo estar y comprueba el significado.

1. El profesor no _____.
2. Esos restaurantes _____ en Saitama.
3. Rubén y yo _____ en una cafetería.
4. ¿Dónde _____ Fernando y tú?

4 場所を表す副詞　Adverbios de lugar

12 🔊 音声を聞いて発音し、イラストを見て表現の意味を考え、先生と確認しましょう。
Escucha y repite. Piensa en la diferencia entre *aquí, ahí y allí*. Luego comprueba con el/la profesor/a.

> 地域によってはacá や allá をよく使うよ。

 aquí (acá)  ahí  allí (allá)

---

13 🔊 A 音声を聞いて発音し、読み方を確認しましょう。Escucha, repite y comprueba la pronunciación.

> rの音はrrと二つ重なっ たり、radioのように単 語の頭に来たり、l, n, s の後に来る時の発音に 注意してね。

R, r (erre)
（r の発音）Arabia, América, Uruguay, Corea, Europa
　　　　　　Argentina, Irlanda, Portugal, Ecuador, Singapur

（rr の発音）radio, ritmo, Rusia, república, Roma, Israel, sonreír, alrededor
　　　　　　Mediterráneo, barrio, Marruecos, torre, perro

14 🔊 B 以下の単語を発音し、音声を聞いて確認しましょう。
Lee las siguientes palabras y comprueba con el audio.

1. rápido　2. regular　3. Siria　4. sonrisa　5. barrera　6. rincón　7. sur　8. rico

1 キャンパスとその周辺 El campus y sus alrededores

A 音声を聞いて発音し、意味を確認しましょう。Escucha, repite y comprueba el significado.

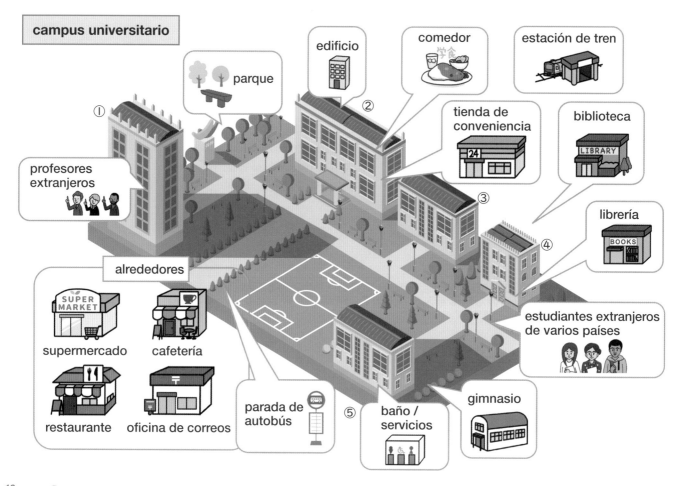

campus universitario

parque

edificio

comedor

estación de tren

tienda de conveniencia

biblioteca

① profesores extranjeros

librería

④

③

alrededores

supermercado

cafetería

restaurante

oficina de correos

parada de autobús

⑤ baño / servicios

gimnasio

estudiantes extranjeros de varios países

B 例を参考にクラスメートと **A** の語彙を使って練習しましょう。Practica con el modelo.

例　A: ¿Dónde está la librería?　B: La librería está en el edificio 4.

2 100までの数 Números hasta 100

A 音声を聞いて発音しましょう。Escucha y repite.

発音を聞いてぱっと数字が思い浮かぶまで音声を聞いてね。

30 treinta　40 cuarenta　50 cincuenta　60 sesenta　70 setenta

80 ochenta　90 noventa　100 cien　31 treinta y uno　99 noventa y nueve

B 聞いた数を算用数字で記入しましょう。Escucha y escribe los números.

a. _____　b. _____　c. _____　d. _____　e. _____　f. _____　g. _____　h. _____

C 例を参考に、足し算と引き算を聞いて答えを記入しましょう。Escucha el audio y escribe el resultado de las sumas o de las restas.

例　2 + 4 = 6 Dos más cuatro son seis.　5 − 2 = 3 Cinco menos dos son tres.

a. _____　b. _____　c. _____　d. _____　e. _____　f. _____　g. _____　h. _____

20 **3 動詞 estar と haber** Verbos estar y haber

> hay と estar は間違いが
> 多いので具体例を通じて
> よく練習してね。

A 以下の写真を見て、質問する人が、質問のものがあるかないか知っているかどうかに注目し、意味を考えましょう。次に hay か estar かのどちらかを入れて文を完成させ、音声を聞いて答え合わせをしましょう。Mira las fotos y piensa en el significado fijándote si la persona que hace la pregunta sabe si existe o no lo que está preguntando. Luego completa la pregunta con "hay" o "está/n" y comprueba con el audio.

公園で

¿_____ un baño en este parque?

レストランで

¿Dónde _____ el baño?

¿Qué _____ dentro del paquete?

dentro 中に

字が読めなくて

¿Dónde _____ mis gafas?

プレゼントをもらって

4 距離を表す表現 Expresiones de distancia

21 音声を聞いて発音し、意味を確認しましょう。Escucha, repite y comprueba el significado.

Mi casa está **muy lejos del*** centro de la ciudad.
Mi casa está **lejos del** centro de la ciudad.
Mi casa está **cerca del** centro de la ciudad.
Mi casa está **muy cerca del** centro de la ciudad.
Mi casa está **a diez kilómetros del** centro de la ciudad.
  *del = de + el

muy lejos del
lejos del
cerca del
muy cerca del
a diez km del
centro de la ciudad

5 自分の町 Mi ciudad

22 自分の住んでいる町やお気に入りの町はどこですか。また、その町には何がありますか。
辞書を使って文を作り、クラスメートに紹介しましょう。Escribe un texto con ayuda del diccionario sobre dónde está la ciudad en la que vives o la ciudad que te gusta, y qué hay allí. Explícalo a tus compañeros/as.

例 Mi ciudad se llama Muroto. Está en la prefectura de Kochi, pero no está muy cerca del centro de Kochi. Está a unos 80 km. Muroto no es una ciudad grande. No hay muchos turistas extranjeros. En Muroto está el cabo Muroto. Es un famoso* geoparque** de la UNESCO.

*有名な **ジオパーク

スペイン語圏の言語　Lenguas en el mundo hispano

A 👥 右下の地図を参考に、例に従って以下の言語がどの国で話されているか言いましょう。
Di en qué países se hablan estas lenguas mirando el mapa. Contesta a las preguntas siguiendo el ejemplo.

例　**A**: ¿En qué países se habla guaraní?
　　B: Se habla principalmente en Paraguay y en partes de Bolivia, Argentina y Brasil.

☐ guaraní　⬛ quechua　⬛ aymara　⬛ náhuatl　⬛ lenguas mayas　⬛ mapudungún

23 B 音声を聞いて発音し、意味を考えましょう。
Escucha, repite y piensa el significado.

Lenguas nativas más habladas en Hispanoamérica a principios del siglo XXI

El mundo hispano tiene una gran diversidad de etnias y culturas, y por esos hay muchas lenguas. Por ejemplo, en España, además del castellano o español, hay diversas lenguas como el vasco, el catalán, el gallego y otras lenguas. Paraguay tiene dos lenguas oficiales en todo el país: el castellano y el guaraní. Pero otros países también tienen muchas lenguas. En Colombia hay 69 lenguas además del castellano, y en México hay 68 lenguas nativas. Perú tiene 48 lenguas nativas, 4 en la región andina y 44 en la región amazónica. Bolivia también tiene muchas etnias y lenguas diferentes, con 36 lenguas nativas.

（出典：2023 年 1 月時点での各国の HP）

mundo hispano スペイン語圏　diversidad 多様性　lengua 言語　etnia 民族
castellano カスティーリャ語　lengua oficial 公用語　lengua nativa 現地の言語
región 地方・地域　andino/a アンデスの　amazónico/a アマゾンの　diferente 異なる

（出典：Wikipedia 2022 年 Lenguas indígenas de América）

1. ¿Qué lenguas hay en España?
2. ¿Cuántas lenguas hay en Colombia, además del castellano?
3. ¿Cuántas lenguas nativas hay en la región amazónica de Perú?
4. ¿Hay lenguas oficiales en Japón estipuladas por la ley*?

*estipuladas por la ley 法律で規定された

課のまとめと応用　　Repaso final

24 A 音声を聞き、Nanami と Takuya のどちらの大学のキャンパス、あるいは両方に当てはまるか当てはまらないか答えましょう。Escucha y señala si corresponde al campus de Nanami, de Takuya, de ambos o de ninguno.

1. El campus es grande.
2. Su universidad está fuera de la ciudad.
3. Su universidad está muy lejos de la ciudad.
4. Hay parques en el campus.
5. Su universidad es muy conveniente.
6. En el campus hay muchos edificios altos.
7. En su facultad hay profesores extranjeros.
8. Muy cerca de la universidad hay una estación de tren.

	Nanami	Takuya
1	○	×
2		
3		
4		
5		
6		
7		
8		

dentro de... 〜の中に　¡Qué suerte! 運がいいね!　fuera 外に　conveniente 便利な
club サークル、部活　deportivo/a スポーツの　vida 生活　divertido/a 面白い

25 B 音声の質問に答えましょう。（5 問）Contesta a las preguntas del audio.

26 C 音声の文が答えになる疑問文を言いましょう。（3 問）Di las preguntas para las frases del audio.

第6章 **聞いて考えよう**

大学に入って初めて一人暮らしをしたんだ。時給のいい夜勤のバイトも始めたし。アルバイト先でスペイン語圏の人っぽいおばあちゃんがいたから、スペイン語で挨拶したら早口で沢山話されてびっくりした。

ヒント

ahora 今 solo/a 一人で
departamento マンション tiempo 時間
libre 自由な cocino < cocinar 料理する
limpio < limpiar 掃除する habitación 部屋
hago < hacer する・作る cosa 英語の "thing"
deporte スポーツ practico < practicar 練習する
club クラブ por eso だから
trabajo por horas < trabajar por horas
　アルバイトをする
vida universitaria 大学生活

1 **A** 音声を聞きましょう。Escucha el audio.

B 音声を止めながら発音練習をしましょう。
Vuelve a escuchar y repite deteniendo el audio.

C 右のヒントを参考に、音声の内容の意味を予想しましょう。
Vuelve a escuchar e intenta comprender el significado mirando el vocabulario.

D 音声の内容と一致していると思えばV (verdadero)、一致していないと思えばF (falso) と入れましょう。
Escribe "V" (verdadero) o "F" (falso) de acuerdo con el audio.

1. Vivo con mi familia. ＿＿＿ 　2. Tengo tiempo libre. ＿＿＿
3. Hago deportes. ＿＿＿ 　4. Trabajo en una universidad. ＿＿＿

音読して練習しよう

CHECK!
練習帳

2 **A** 音声を思い出しながら練習帳のスクリプトを音読しましょう。Practica la lectura del texto en el cuaderno de ejercicios.

B 🏃 音声を聞いて発音し、例を参考に右の語を使ってクラスメートと話しましょう。
Escucha y repite. Luego practica con tu compañero/a usando el siguiente modelo y vocabulario.

Vivo solo/a.
No vivo en Saitama.
Estudio coreano.
No tengo tiempo libre.

例 **A**: Yo vivo solo/a, ¿y tú?　　**B**: Yo también.　**B**: Yo no.
A: Yo no vivo en Saitama, ¿y tú?　**B**: Yo tampoco.　**B**: Yo sí.

Tengo tiempo. / Yo también. / Yo no. / Yo no tengo tiempo. / Yo tampoco. / Yo sí.

この課の目標

コミュニケーション：日常的に行うことについて、程度の表現も用いて表現することができる。一致や相違が表現できる。
文法：3つの規則活用とhacerの原形と意味・活用がわかり、文脈の中で使える。qué, dónde, cuánto, comóを用いる文を理解して使える。
語彙・表現：頻度の表現、曜日、アルバイトに関する表現を理解して文脈の中で使える。
綴りと発音：子音xが出てくる箇所の読み方がわかる。

1 現在 規則動詞 Verbos regulares en presente

A 音声を聞いて発音し、直説法現在形の規則活用を覚えましょう。次に右のリストにある動詞の意味を調べ、日本語からスペイン語の原形を言えるようにペアで練習しましょう。Escucha, repite y aprende la conjugación. Luego averigua el significado de los demás verbos y practica con tu compañero/a diciéndolos del japonés al español.

hablar (-ar)	
yo hablo	nosotros hablamos
tú hablas	vosotros habláis
él habla	ellos hablan

hablar　estudiar　trabajar　tomar
cocinar　comprar　limpiar
preparar　enseñar　practicar
descansar

音声を聞かないで文字から読むと、強く読むところを間違うことがよくあるよ。
最初にしっかり音のイメージをつかんでね。

B 音声を聞いて発音しましょう。次に**A**のリストの全ての動詞のyoの活用形を言い、主語を変えて続けて活用し、先生にチェックしてもらいましょう。Escucha y repite. Luego di la conjugación de los verbos de A en la primera persona del singular solamente, y continúa con las otras personas por separado. Comprueba con el/la profesor/a.

例　yo hablo, yo estudio, yo trabajo...　　tú hablas, tú estudias, tú trabajas...
él habla, él estudia, él trabaja...

C 音声の動詞と主語の活用形を言いましょう。Escucha y di la forma del verbo que corresponde.

例　(hablar, yo) → hablo

1.　　　　2.　　　　3.　　　　4.　　　　5.　　　　6.　　　　7.　　　　8.

D 音声を聞いて発音し、活用を覚えましょう。次に右のリストにある動詞の意味を調べ、日本語からスペイン語の原形を言えるようにペアで練習しましょう。Escucha, repite y aprende la conjugación. Luego averigua el significado de los demás verbos y practica con tu compañero/a diciéndolos del japonés al español.

comer (-er)	
yo como	nosotros comemos
tú comes	vosotros coméis
él come	ellos comen

comer　aprender　beber
leer　　vender

スペイン語の規則動詞は -ar, -er, -irの三種類だよ。
まず何度か音声を聞いてイメージをつかんだら活用を言えるようにしよう。その後で書く練習をしてね。

vivir (-ir)	
yo vivo	nosotros vivimos
tú vives	vosotros vivís
él vive	ellos viven

vivir　escribir　asistir
recibir

E **A**の -ar 動詞の活用と比較してどんな特徴があるか考え、先生と確認しましょう。
Compara las conjugaciones y comprueba con el/la profesor/a qué diferencia hay entre estos tres tipos de conjugación.

F 音声を聞いて発音しましょう。次に**D**の全ての動詞のyoの活用形を言い、主語を変えて続けて活用し、先生にチェックしてもらいましょう。Escucha y repite. Luego di la conjugación de los verbos de D en la primera persona del singular solamente, y continúa con las otras personas por separado. Comprueba con el/la profesor/a.

G 音声の動詞と主語の活用形を言いましょう。Escucha y di la forma del verbo que corresponde.

1.　　　　2.　　　　3.　　　　4.　　　　5.　　　　6.　　　　7.　　　　8.

2 動詞 hacer Verbo hacer

10 **A** 音声を聞いて発音し、例文の意味を考え、先生と確認しましょう。 Escucha y repite.
Luego piensa en el significado de los ejemplos y comprueba con el/la profesor/a.

> hacerは英語の "to do"
> の他に "to make" の
> 意味もあるよ。

11
hacer	
yo **hago**	nosotros **hacemos**
tú **haces**	vosotros **hacéis**
él **hace**	ellos **hacen**

例 A: ¿Qué hacéis los domingos*?   *日曜日
B: Yo hago deporte los domingos.
C: Yo hago la compra** los domingos.   **（日用品の）買い物

A: ¿Cocinas?   *時々
B: Sí, a veces* preparo la comida** para mi familia.   **食べ物

12 **B** 👥 例を参考にクラスメートと練習しましょう。 Practica con tu compañero/a siguiendo el modelo.

例 **A**: ¿Qué hace el profesor?   **B**: Él enseña matemáticas.

1. el profesor	2. Micha	3. ellos	4. el oso panda	5. Tama

3 疑問詞 1 qué, dónde, cuándo, cómo Interrogativos 1

音声を聞いて発音し、例文の意味を考え、先生と確認しましょう。 Escucha y repite.
Luego piensa en el significado de los ejemplos y comprueba con el/la profesor/a.

> スペイン語の疑問詞は英語
> や日本語の発想と違うとこ
> ろがあるよ。まずフレーズ
> 単位で代表的な例を覚えて、
> その後で書く練習を
> してね。

13 例 **A**: ¿**Qué** comes?   **B**: Como un *anpan*.
A: ¿**Qué bus** tomas?   **B**: Tomo el bus 5.

A: ¿**Dónde** vives?   **B**: Vivo en Nara.

A: ¿**Cuándo** estás en casa?   **B**: Estoy en casa todos los días.

A: ¿**Cómo** es Antonio?   **B**: Es muy inteligente y trabajador.

qué 何 what
qué+名詞 何の・どの
dónde どこに・どこで where
cuándo いつ when
cómo どう、どのような how

Ortografía y pronunciación ⑧   綴りと読みを覚えよう ⑧

14 **A** 音声を聞いて発音し、読み方を確認しましょう。 Escucha, repite y comprueba la pronunciación.

| **X, x** (equis)   taxi   examen   exterior   Fénix |

> Méxicoは例外的
> な読み方だよ。

15 **B** 以下の単語を発音し、音声を聞いて確認しましょう。
Lee las siguientes palabras y comprueba con el audio.

1. saxofón   2. exacto   3. expreso   4. éxito   5. texto   6. experiencia   7. píxel

1 頻度の表現 Expresiones de frecuencia

16 A 音声を聞いて発音し、例文の意味を考え、先生と確認しましょう。
Escucha, repite, piensa en el significado y comprueba con el/la profesor/a.

頻度	
100%	siempre
90%	normalmente
80%	a menudo
50%	a veces
0%	nunca

毎日/週/月/年

	los días
todos/as	las semanas
	los meses
	los años

|日/週/月/年に〜回

una	vez		día
dos		al/a la (por)	semana
tres	veces		mes
muchas			año

17 B 音声を聞いて発音し、例文の意味を考え、先生と確認しましょう。 Escucha y repite. Luego piensa en el significado de los ejemplos y comprueba con el/la profesor/a.

例   **A**: ¿Tú bebes alcohol?   **B**: Yo no, pero mis padres beben a menudo.
                                           B: No, **nunca** bebo alcohol. ¡Todavía* no tengo 20 años!
                                           B: No, **no** bebo **nunca** alcohol. ¡Todavía no tengo 20 años!
           A: ¿Dónde comes normalmente?   **B**: Normalmente yo como en la cafetería.   *まだ
                                           B: Yo normalmente como en la cafetería.
                                           B: Yo como normalmente en la cafetería.
                                           B: Yo como en la cafetería normalmente.
           A: ¿Cuándo haces la compra?   **B**: Yo hago la compra todos los días.
           A: ¿Cuántos días a la semana trabajas?   **B**: Trabajo cinco días a la semana.

18 C 音声を聞いて発音し、例を参考に以下のことを行うか、どの程度の頻度で行うかクラスメートと質問し合いましょう。 Escucha y repite. Luego practica las expresiones de abajo con tu compañero/a siguiendo el modelo.

例   **A**: ¿Recibes mensajes* a menudo?   **B**: Sí, recibo mensajes todos los días.   *メッセージ

estudiar inglés   trabajar   beber alcohol   asistir a clases
comer en el comedor de la universidad   hacer deporte   escribir muchos mensajes

2 曜日 Días de la semana

頻度や曜日は語順や
冠詞、前置詞なども
しっかり確認して練
習しておこう。

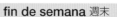

19 A 音声を聞いて発音し、言えるようにしましょう。 Escucha, repite y aprende.

月	火	水	木	金	土	日
lunes	martes	miércoles	jueves	viernes	sábado	domingo

fin de semana 週末

20 B 音声を聞いて発音し、文の意味を先生と確認し、曜日の使い方について、定冠詞の使い方など気が付いたことをクラスメートや先生と話しましょう。単数複数にも注意しましょう。 Escucha y repite los siguientes ejemplos, comprueba el significado y observa cómo se usan y los días de la semana y los artículos. Piensa cuándo se usan en singular y en plural. Comprueba con el/la profesor/a.

例   **A**: ¿Qué día es hoy?   **B**: Hoy es jueves.
           A: ¿Cuándo tienes el examen de inglés?   **B**: El miércoles tengo el examen.
           A: ¿Qué días trabajas?   **B**: Yo trabajo los lunes y los sábados.
           A: ¿Qué haces los domingos normalmente?   **B**: Normalmente practico tenis pero este domingo no.

C 以下の表現をスペイン語で言いましょう。Di las siguientes palabras y frases en español.

a. 金曜日　　　　　b. ある特定の木曜日　　　c. 今週の土曜日　　　d. 毎週木曜日
e. A: 今日は何曜日？　B: 今日は火曜日です。　f. 今週末

21 D Kenは高校時代の同級生MikiとNaotoとお台場に行こうと計画しています。音声を聞いて質問に答え、最後に彼らは何曜日に行けるかを答えましょう。Ken quiere ir a Odaiba con sus amigos Naoto y Miki. Escucha el audio, contesta a las preguntas y di el día en que pueden ir todos juntos.

1. ¿Qué hace Naoto los miércoles?
2. ¿Cuántos días a la semana tienen clases Ken y Miki?
3. ¿Dónde trabaja los sábados Miki?
4. ¿Qué hace Ken los fines de semana?
5. ¿Ken trabaja este domingo también?
6. ¿Naoto normalmente trabaja los domingos?

3人がお台場に行ける曜日（スペイン語で）_____

3 様々なアルバイト　Trabajos por horas

22 A 音声を聞いて発音し、意味を確認しましょう。Escucha, repite y comprueba el significado.

trabajar en una academia　　　trabajar en un restaurante italiano　　　enseñar japonés
preparar bebidas　　　vender *takoyaki*　　　hacer　　　cocinar　　　limpiar
trabajar como profesor/a

23 B 声を聞いて発音し、意味を確認しましょう。次に、何人かのクラスメートとアルバイトについて話しましょう。
Escucha, repite, y comprueba el significado. Luego habla con tus compañeros/as las sobre trabajos.

例　**A:** ¿Tienes trabajo?　　　**B:** Sí, tengo trabajo.　　　**B:** No, no tengo trabajo.
　　A: ¿Dónde trabajas?　　　**B:** Trabajo en un restaurante italiano.　　**B:** Trabajo en un bar.

　　A: ¿Cuándo trabajas?　　　**B:** Trabajo dos días a la semana: los miércoles y los domingos.
　　A: ¿Qué días trabaja usted?　　**B:** Trabajo todos los días.　　　**B:** Trabajo los fines de semana.
　　A: ¿Cuántos días trabajas?　　**B:** Trabajo solo un día, los viernes.

　　A: ¿Qué haces allí?　　　**B:** Cocino pizzas y limpio las mesas.

C 自分や身近な人が行っているアルバイトについて、いつどこで何をどの程度の頻度で行っているか作文しましょう。今まで学習した表現も入れてみましょう。（例：アルバイトの場所が家や大学に近いか）
Escribe sobre tu trabajo o el de alguien cercano a ti. La redacción debe contener información sobre dónde, cómo, cuándo, con qué frecuencia. Usa las frases que aprendiste hasta ahora, por ejemplo, si está cerca o lejos de la universidad o de tu casa.

スペインの大学生の生活 Vida de los estudiantes universitarios en España

24 A 音声を聞いて発音しましょう。Escucha y repite.

B 意味を予想しながら読みましょう。知らない単語や表現は8つまで辞書で調べてかまいません。
Lee el siguiente texto. Puedes buscar en el diccionario hasta ocho palabras o expresiones que no conozcas.

En España el 84% de los jóvenes entra en alguna universidad*. El 56% de los estudiantes españoles vive con sus padres. Pero muchos estudiantes viven en residencias universitarias, o en un piso o apartamento con otros estudiantes. Ellos visitan a sus padres a menudo.

Muchos quieren** estudiar Medicina, Odontología, Enfermería, Psicología o Biología.

El 54% de los estudiantes no trabaja. El 23% hace trabajos por horas, o tiene un trabajo a tiempo parcial. El 11% tiene un trabajo a tiempo completo. En general, encontrar un trabajo en España no es fácil.

Muchos estudiantes españoles también hacen deportes, como el fútbol o el fútbol sala, el baloncesto, el balonmano y el atletismo.

*UNESCO 2012 のデータより。短期を含む。　**quieren < querer（英語の to want にあたる）

C 日本とスペインの大学生活の一般的な傾向は同じだと思いますか。クラスメートと意見交換し、1〜5の数字で答えましょう。¿Qué opinas de la vida de los estudiantes en España? ¿Es como en Japón? Habla con tu compañero/a y marca con un círculo en la tabla del 1(no) al 5(sí)

	違うと思う	どちらともいえない			同じだと思う
	1	2	3	4	5
a. La mayoría estudia en la universidad.					（例）○
b. La mayoría vive con sus padres.					
c. Muchos viven con otros estudiantes.					
d. La mayoría visita a sus padres a menudo.					
e. Muchos quieren estudiar Biología.					
f. La mayoría no trabaja.					
g. Muchos hacen deportes.					

課のまとめと応用　Repaso final

25 A 会話を聞き、質問に答えましょう。Escucha y contesta a las siguientes preguntas.

1. ¿Con quién vive Miki?　　2. ¿Vive Ken con sus padres?
3. ¿Tiene Miki mucho tiempo libre?　　4. ¿Qué hace Ken todos los días?
5. ¿Tiene Ken mucho tiempo libre?

26 B 音声の質問に答えましょう。(5問) Contesta a las preguntas del audio.

27 C 音声の文が答えになる疑問文を言いましょう。(3問) Di las preguntas para las frases del audio.

第7章 聞いて考えよう

大学のジムでメキシコからの留学生Diegoに知り合ったよ。2週間に1回、日本語を教える代わりにスペイン語を教わることになったんだ。通じないときは少し英語も混ぜてなんとか話をつないだよ。Diegoとは気が合うみたいだから、もっとスペイン語でコミュニケーションを取りたいと思った。

1 **A** 音声を聞きましょう。Escucha el audio.

B 音声を止めながら発音練習をしましょう。
Vuelve a escuchar y repite deteniendo el audio.

C 右のヒントを参考に、音声の内容の意味を予想しましょう。
Vuelve a escuchar e intenta comprender el significado mirando
el vocabulario.

D 内容がKenに当てはまる場合は "K"、Diegoに当てはまる
場合は "D"、どちらにも当てはまらない場合は "N" と記
入しましょう。Lee estas frases y escribe "K" (Ken), "D" (Diego)
o "N" (ninguno) en la frase que corresponde.

ヒント
puedo < poder できる　es que... 〜だから
¿Por qué? なぜ？　porque なぜなら
quiero < querer したい　ir 行く　trabajo 仕事
ganas < ganar 稼ぐ　dinero お金
unos/as 約・およそ　yenes < yen 円
tengo que < tener que しなくてはならない
para... 〜するために
oye 「ねえ」など tú の注意をひく表現
voy a ver < ir a ver 会うつもり
quieres venir < querer venir 来たい
conmigo 私と一緒に
¡Buena idea! 良いアイデアだ！
¡Vamos! 行きましょう！

1. Estudia japonés. (　　　)
2. Quiere hablar español en su trabajo. (　　　)
3. Gana mucho dinero. (　　　)
4. Quiere trabajar por horas. (　　　)
5. Tiene un amigo español. (　　　)

音読して練習しよう

CHECK!
練習帳

2 **A** 音声を思い出しながら練習帳のスクリプトを音読しましょう。Practica la lectura del texto en el cuaderno de ejercicios.

B 🙎 音声を聞いて発音し、例を参考に右の表現を使ってクラスメートと話しましょう。Escucha y repite. Luego
practica con tus compañeros usando este modelo y el vocabulario.

例　**A**: ¿Puedes trabajar el lunes ?　　**B**: Sí, puedo trabajar el lunes.
　　　　　　　　　　　　　　　　　　　　B: No, no puedo trabajar el lunes.

　　A: ¿Quieres ir a Latinoamérica?　**B**: Sí, quiero ir a Latinoamérica.
　　　　　　　　　　　　　　　　　　　　B: No, no quiero ir a Latinoamérica.

　　A: ¿Tienes que estudiar inglés?　**B**: Sí, tengo que estudiar inglés.
　　　　　　　　　　　　　　　　　　　　B: No, no tengo que estudiar inglés.

hablar bien en inglés
ir a España
trabajar por la noche
ganar mucho dinero

この課の目標

コミュニケーション：したいこと、これから行うこと、できることやしなくてはいけないことに
ついて表現できる。外国語を学んでいる理由を質問したり答えたりできる。

文法：ir, venir, querer, poder の意味と原形・活用がわかり、文脈の中で使える。tener que, hay que,
ir a の意味がわかり、文脈の中で使える。

語彙・表現：1000までの数、時の表現が使える。cuál, quién, cuánto, por qué が使える。前置詞
＋疑問詞を文脈の中で使える。

1 動詞 ir, venir Verbos ir y venir

3 A 音声を聞いて発音し、活用を覚えましょう。 Escucha, repite y aprende la conjugación.

ir	
yo **voy**	nosotros **vamos**
tú **vas**	vosotros **vais**
él **va**	ellos **van**

venir	
yo **vengo**	nosotros **venimos**
tú **vienes**	vosotros **venís**
él **viene**	ellos **vienen**

> irは英語の "to go", venirは英語の "to come" に相当するよ。ir, venir とよく使う前置詞aやdeもフレーズの中で音と一緒に覚えてね。

4 B 音声を聞いて、活用を言いましょう。 Escucha y di la forma que corresponde del verbo.

> 例　(hablar, yo) → yo hablo

1.　　　2.　　　3.　　　4.　　　5.　　　6.　　　7.　　　8.

5 C 音声を聞いて発音し、前置詞(a, de)にも注意して意味を考え、先生と確認しましょう。 Escucha, repite, piensa en el significado de estos ejemplos observando el uso de "a" y "de", y comprueba con el/la profesor/a.

> 例　**A**: ¿A dónde vas?　　　　　**B**: Voy a la estación de Yokohama.
> 　　　　　　　　　　　　　　　　　**B**: Voy al hospital.　　　　**B**: Voy a un museo*.　　*美術館・博物館
> 　　**A**: ¿De dónde vienen ustedes?　**B**: Venimos de la estación.
> 　　　　　　　　　　　　　　　　　**B**: Venimos del hospital.　　**B**: Venimos de un museo.

6 D 音声を聞いて意味を言いましょう。 Escucha y dilo en japonés.

1.　　　2.　　　3.　　　4.　　　5.　　　6.　　　7.　　　8.

2 動詞 querer, poder Verbos querer y poder

7 A 音声を聞いて発音し、気が付いたことをクラスメートや先生と話しましょう。
Escucha y repite. Luego observa y comenta con tu compañero/a y tu profesor/a.

querer	
yo **quiero**	nosotros **queremos**
tú **quieres**	vosotros **queréis**
él **quiere**	ellos **quieren**

poder	
yo **puedo**	nosotros **podemos**
tú **puedes**	vosotros **podéis**
él **puede**	ellos **pueden**

> quererは英語の "want", poderは "can" に相当する動詞だよ。poderは許可を求めたり何かをお願いする場面でも使えるからフレーズの意味をしっかり確認してね。

8 B 音声を聞いて、活用を言いましょう。 Escucha y di la conjugación que corresponde.

> 例　(hablar, yo) → yo hablo

1.　　　2.　　　3.　　　4.　　　5.　　　6.　　　7.　　　8.

9 C 音声を聞いて発音し、例文の意味を考え、先生と確認しましょう。 Escucha, repite, piensa en el significado de estas frases y comprueba con el/la profesor/a.

> 例　**A**: ¿Quieres tomar un café?　　　**B**: No, gracias.
> 　　**A**: ¿Qué quieres hacer esta tarde?　**B**: Quiero descansar.
> 　　**A**: ¿Qué quieres para tu cumpleaños*?　**B**: Quiero una mochila.　　*誕生日

10 D 音声を聞いて発音し、例文の意味を考え、先生と確認しましょう。 Escucha, repite, piensa en el significado de estas frases y comprueba con el/la profesor/a.

> 例　**A**: ¿Puedes venir con nosotros?　　**B**: No, no puedo. Esta tarde tengo clases.
> 　　**A**: ¿Puedo ir al baño?　　　　　　**B**: Sí, por supuesto*.　　*もちろん
> 　　**A**: ¿Puedes cocinar esta noche?　　**B**: No, no puedo. Esta noche no tengo tiempo.

11 🔊 E 音声を聞いて意味を言いましょう。Escucha y dilo en japonés.

1.   2.   3.   4.   5.   6.   7.   8.

3 動詞を組み合わせて作る表現1   Perífrasis verbales 1

12 🔊 A 音声を聞いて発音し、例文の意味を考え、先生と確認しましょう。
Escucha, repite y comprueba el significado con el/la profesor/a.

> 例   A: ¿**Hay que** ir a la universidad los sábados?
>   B: No, pero yo **tengo que** ir, porque practico tenis.

> tener queは英語の "have to" に相当するよ。hay queも同じような意味で使うけど、人を特定せず、一般的に「〜しなくてはならない」という意味になるよ。
> ir aは英語の "be going to" に相当する。
> ¡Vamos a...!で英語の "Let's..." に相当する表現にもなるよ。

13 🔊 B 音声を聞いて発音し、例文の意味を考え、先生と確認しましょう。
Escucha, repite y comprueba el significado con el/la profesor/a.

> 例   A: ¿**Vas a** ir a la universidad hoy?   B: No. **No voy a** ir porque no hay clases hoy.
>   A: ¿Qué **vais a** hacer mañana?   B: **Vamos a** hacer la compra mañana.

14 🔊 C 音声を聞いて意味を言いましょう。Escucha y dilo en japonés.

1.   2.   3.   4.   5.   6.   7.   8.

4 疑問詞2   cuál, quién, cuánto, por qué   Interrogativos 2

> スペイン語の疑問詞は形が変わるものがあるよ。今まで出てきたものも含めて整理しておこう。

15 🔊 A 音声を聞いて発音し、例文の意味を考え、先生と確認しましょう。
Escucha, repite y comprueba el significado con el/la profesor/a.

> ① 例   A: ¿Quién es el niño de la foto?   B: Soy yo.
>   A: ¿Quiénes son?   B: Son mis hermanos.
>   A: ¿Cuál es tu libro?   B: Es ese libro.
>   A: ¿Cuáles son tus zapatos*?   B: Son aquellos zapatos.   *くつ
>   A: ¿Cuántos libros lees a la semana?   B: Leo dos o tres libros a la semana.
>   A: ¿Cuántas veces a la semana bebes?   B: Bebo una vez a la semana.
>   A: ¿Cuánto cuesta**?   B: Cinco euros.   **いくらですか

> quién (複 quiénes) 誰
> cuál (複 cuáles) どれ
> cuánto (女 cuánta,
>   男複 cuántos,
>   女複 cuántas)
>   どのくらい/いくつ
> por qué なぜ

16 🔊 ② 例   A: ¿Con quién vives?   B: Vivo con mi familia.
>   A: ¿A qué estación vas?   B: Voy a la estación de Shizuoka.
>   A: ¿En qué universidad estudias?   B: Estudio en la Universidad de Mie.
>   A: ¿De qué país es Diego?   B: Diego es de México.
>   A: ¿Para qué trabajas?   B: Para ganar mucho dinero.
>   A: ¿Por qué trabajas?   B: Porque tengo dos hijos pequeños.

> con 〜と
> a 〜へ、〜に
> en 〜に、〜で
> de 〜から、〜の
> para 〜のため（目的）
> por 〜のため（理由）

> スペイン語の疑問詞はa dónde（どこへ）のように疑問詞と前置詞を組み合わせる場合、前置詞を疑問詞の前に置くよ。聞いて言えるようにしてから書く練習をしてね。

17 🔊 B 音声を聞いて意味を言いましょう。Escucha y dilo en japonés.

1.   2.   3.   4.

5.   6.   7.   8.   regalo プレゼント

1 **1000までの数** Números hasta 1000

18 **A** 音声を聞いて発音しましょう。Escucha y repite.

100 cien 200 doscientos 300 trescientos 400 cuatrocientos 500 quinientos 600 seiscientos
700 setecientos 800 ochocientos 900 novecientos 1000 mil
101 ciento uno 530 quinientos treinta

19 **B** 聞いた数を算用数字で記入しましょう。Escucha y escribe los números.

a. _____ b. _____ c. _____ d. _____ e. _____ f. _____ g. _____ h. _____

20 **C** 音声を聞いて足し算と引き算の答えを記入しましょう。Escucha el audio y escribe en números el resultado de las sumas o de las restas.

a. _____ b. _____ c. _____ d. _____ e. _____ f. _____ g. _____ h. _____

D 例を参考にスペイン語で値段を言いましょう。 Di estos precios siguiendo el ejemplo.

> 例 1 (euro) → un euro 300 (euro) → trescientos euros

a. 1 (yen) b. 1 (libra) c. 250 (yen) d. 120 (dólar) e. 513 (sol) f. 980 (yen)

数字＋名詞はスペイン語
では後ろの名詞の性によ
って形が変わるものがあ
るよ。

2 **時の表現** Marcadores temporales

21 **A** 音声を聞いて発音し、意味を確認しましょう。 Escucha, repite y confirma el significado.

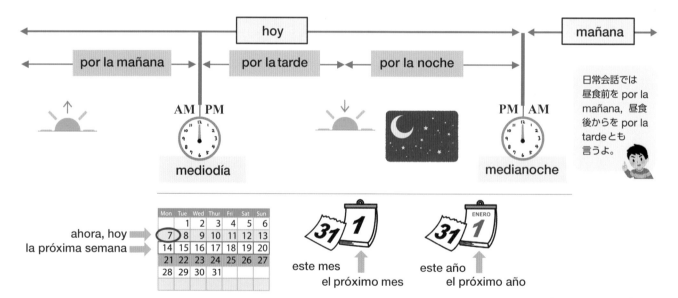

日常会話では
昼食前を por la
mañana, 昼食
後からを por la
tarde とも
言うよ。

22 **B** 音声を聞いて発音し、例の意味を考え、先生と確認しましょう。
Escucha, repite y comprueba el significado con el/la profesor/a.

「朝」や「午前」という意味の
mañanaと「明日」という意
味のmañanaに注意してね。

> 例 **A**: ¿Qué haces mañana por la mañana?
> **B**: Mañana por la mañana tengo que trabajar en la cafetería.
> **A**: ¿Con quién vas a estar hoy por la tarde?
> **B**: Hoy por la tarde voy a estar con mi familia.
> **A**: ¿A dónde van a ir el próximo mes? **B**: El próximo mes vamos a ir a Nagano.

3 理由と目的 ¿Por qué? Porque... / para... Motivo o finalidad

²³🔊 A 音声を聞いて発音し、会話文の意味を考えましょう。

Escucha, repite y comprueba el significado con el/la profesor/a.

Shota: ¿Tú trabajas?
Akari: Sí, trabajo en una cafetería todos los días.
Shota: **¿Por qué** trabajas todos los días?
Akari: **Porque** quiero ganar mucho dinero, ¡claro!
Shota: Pero, **¿para qué** quieres ganar tanto dinero?
Akari: **Para** ir a estudiar a España, y **para** viajar por Europa...

tanto それほどに   viajar por... ～を旅する

B porque と para をどのように使い分けるか、クラスメートと意見交換をし、以下の文で練習しましょう。

Comenta con tu compañero/a cuándo se usa "porque" y cuándo "para". Luego di las siguientes frases en español.

1. A: なぜ君はここにいるの？　　 B: スペイン語を勉強しなくてはいけないからです。
2. A: なぜ君は週末働かないの？　　 B: 土・日はスポーツをしたいからです。
3. A: なぜ君は大阪に行くの？　　　 B: USJに行くためです。

²⁴🔊 C アルバイトを探す Aoi と友人の Sae が話しています。音声を聞いて以下の質問に答えましょう。Aoi está buscando

un trabajo y habla con su amiga Sae. Escucha el audio y contesta a las preguntas.

1. ¿Quién va a venir el próximo mes?
2. ¿Por qué no puede trabajar los lunes?
3. ¿Por qué Aoi no quiere trabajar en la tienda?
4. ¿Por qué Aoi no puede trabajar como intérprete?
5. ¿Qué trabajo va a hacer Aoi?

busco < buscar 探す   necesito < necesitar 必要とする   intérprete 通訳

4 外国語を学んでいる理由 Motivos para aprender lenguas extranjeras

👥 皆さんはなぜスペイン語やその他の外国語を学んでいるのですか？　例を参
考にクラスメートと話しましょう。辞書を使ってかまいません。¿Por qué estudias
español u otro/s idioma/s? Habla con tu compañero/a usando los ejemplos de abajo. Puedes
consultar el diccionario.

例	viajar por Latinoamérica	ver un partido de fútbol en España
	tener que estudiar dos idiomas	ser profesor/a ser útil
	visitar Perú para ver Machu Picchu	
	mucha gente habla español en el mundo	comer comida de España

ver 見る　　partido 試合
idioma 言語　útil 有益な・便利な
visitar 訪れる　gente 人々
mundo 世界

²⁵🔊

例 A: ¿Qué lenguas estudias?
　　B: Yo estudio coreano y español.
　　A: ¿Por qué estudias coreano y español?
　　B: Porque quiero ir a Corea para comer comida coreana
　　　 y quiero ver un partido de fútbol en España.

スペイン語圏の様々なお金 Las monedas del mundo hispano

26 A 音声を聞いて発音した後、テキストを読んで質問に答えましょう。Escucha y repite. Luego lee el texto y contesta a las preguntas.

Los países hispanohablantes tienen diferentes monedas. España usa el euro, pero la moneda más común en Hispanoamérica es el peso. Hay siete países que usan el peso. Por ejemplo, el peso mexicano, el peso uruguayo o el peso cubano. También hay países que usan dos tipos de moneda, por ejemplo, Panamá usa el dólar estadounidense y el balboa, y Ecuador usa el dólar y el sucre. Otros países usan nombres locales, como el quetzal en Guatemala, o el lempira en Honduras. En los billetes y las monedas podemos ver símbolos de la historia, la lengua o la cultura de cada país.

1. ¿Cuál es la moneda más común del mundo hispano?
2. ¿Qué moneda usa Panamá?
3. ¿Qué país usa el quetzal?
4. ¿Qué podemos ver en los billetes y las monedas?

países hispanohablantes スペイン語圏の国々
moneda 通貨・硬貨　usa < usar 使用する
por ejemplo 例えば　billete 紙幣
cada それぞれの

B どこの国のいくらの通貨でしょうか。また、硬貨や紙幣に何が表現されているかも考えてみましょう。

¿De dónde son estas monedas y estos billetes? ¿De cuánto son? Piensa qué representan.

Divisas por países	
Argentina, Chile, Colombia, Cuba, México, República Dominicana y Uruguay	peso
Bolivia	boliviano
Ecuador	sucre
Ecuador, El Salvador, Panamá, Puerto Rico	dólar
El Salvador, Costa Rica	colón
España	euro
Guatemala	quetzal
Guinea Ecuatorial	franco CFA
Honduras	lempira
Nicaragua	córdoba
Panamá	balboa
Paraguay	guaraní
Perú	sol
Venezuela	bolívar

課のまとめと応用   Repaso final

27 A 男の子は何をする予定で何をしなくてはいけませんか。音声を聞いて答えましょう。Escucha el audio y di qué va a hacer y qué tiene que hacer el chico.

Centroamérica 中米　plan de viaje 旅行の計画
billete de avión 航空券　reservar 予約する　barato/a 安い

ruinas mayas

28 B 音声の質問に答えましょう。（5問）Contesta a las preguntas del audio.

29 C 音声の文が答えになる疑問文を言いましょう。（3問）Di las preguntas para las frases del audio.

第8章 **聞いて考えよう**

Diego を通じて、留学生の Javier とも話すようになったよ。一人と知り合うと他の人とも話すきっかけがつかみやすくなったな。もっと彼らと話したくなったよ。

ヒント

este この人
¿Cuánto tiempo llevas en Japón?
　日本に来てどれぐらい?
¿Qué te parece...? 君は〜をどう思う?
fantástico/a 素晴らしい
te gustan... 君は〜が好き
a decir verdad 本当のことを言うと
ir de compras ショッピングに行く
por ejemplo 例えば
me encanta 大好きだ

1 **A** 音声を聞きましょう。Escucha el audio.

　　B 音声を止めながら発音練習をしましょう。
　　　Vuelve a escuchar y repite deteniendo el audio.

　　C 右のヒントを参考に、音声の内容の意味を予想しましょう。
　　　Vuelve a escuchar e intenta comprender el significado mirando el vocabulario.

　　D 音声の内容に従って、Javier が好きなことと好きではないことを
　　　記入しましょう（カタカナOK）。Vuelve a escuchar y anota las cosas que le gustan y que no le gustan a Javier.

A Javier le gusta/gustan...	A Javier no le gusta

音読して練習しよう

2 **A** 音声を思い出しながら練習帳のスクリプトを音読しましょう。Practica la lectura del texto en el cuaderno de ejercicios.

　　B 👥 右と下の例を参考にクラスメートと話しましょう。
　　　Practica con tus compañeros/as usando el modelo de abajo y el vocabulario de la derecha.

el español	el fútbol
la paella	la música clásica
estudiar inglés	limpiar
hacer deportes	esquiar

　例　**A**: ¿Te gusta el *sushi*? **B**: Sí, me gusta mucho. **A**: A mí también.
　　　A: ¿Te gusta trabajar? **B**: No, no me gusta trabajar. **A**: A mí sí.

Me gusta el café. 　　A mí también. 　　A mí no. 　／　 No me gusta el café. 　　A mí tampoco. 　　A mí sí.

この課の目標

コミュニケーション：自分や他者の好みや趣味を伝える・尋ねることができる。好みの相違を伝えることができる。

文法：gustar 型動詞を使って好みやその程度、興味・印象などを表現できる。指示代名詞を使って人やものを紹介できる。

綴りと発音：食べ物・飲み物・趣味に関する語彙を文脈の中で使える。

1 動詞 gustar Verbo gustar

3 **A** 🗣️ 音声を聞いて発音しましょう。次に規則性についてクラスメートや先生と話しましょう。 Escucha y repite.
Luego observa los ejemplos y comenta las reglas con tu compañero/a y con el/la profesor/a.

英語の"I like", "You like"の発想でyoやtúなどの主語を使わないでね。まずは例文を音のレベルで理解して言えるようにしよう。

4
例 Me gust**a** el béisbol.
Me gust**an** los animales.
Me gust**a** leer libros.

例 **Me** gusta el fútbol.　**Nos** gusta el fútbol.
Te gusta el fútbol.　**Os** gusta el fútbol.
Le gusta el fútbol.　**Les** gusta el fútbol.

5 **B** 🗣️ 音声を聞いて発音しましょう。次に疑問文や否定文の作り方についてクラスメートや先生と話しましょう。
Escucha y repite. Luego comenta con tu compañero/a y tu profesor/a cómo se forman las preguntas y las frases negativas.

例 **A**: ¿Te gusta el fútbol?　　**B**: Sí, me gusta.
　　　　　　　　　　　　　　　 B: No, no me gusta.
　　A: ¿Os gustan los animales?　**B**: No, no nos gustan los animales.

6 **C** 音声を聞いて意味を言いましょう。 Escucha y di el significado de las frases.

1.　　　　2.　　　　3.　　　　4.　　　　5.　　　　6.

7 **D** 🗣️ 音声を聞いて発音しましょう。次に規則性について気が付いたことをクラスメートや先生と話しましょう。
Escucha y repite. Luego observa los ejemplos y comenta las reglas con tu compañero/a y con el/la profesor/a.

例 **A mí** me gusta el café.　　　　　　　　**A nosotros (a nosotras)** nos gusta el café.
A ti te gusta el café.　　　　　　　　　　 **A vosotros (a vosotras)** os gusta el café.
A él (a ella, a usted, a Ana) le gusta el café.　**A ellos (a ellas, a ustedes, a mis padres)** les gusta el café.

a mí のように前置詞の後に人称代名詞が来るときは注意が必要なことがある。練習帳に補足があるよ。

CHECK! 練習帳

8 **E** 音声を聞いて発音し、例文の意味を考え、先生と確認しましょう。
Escucha y repite. Luego piensa en el significado de los ejemplos y comprueba con el/la profesor/a.

例　Me **encanta*** cocinar.
Me gusta **mucho** cocinar.
Me gusta cocinar.
No me gusta **mucho** cocinar.
No me gusta cocinar.
No me gusta **nada** cocinar.

「嫌い」という動詞もあるけれど、スペイン語ではNo me gusta で表現されることが多いよ。

*encanta < encantar gustar型動詞

9 **F** 音声を聞いて自分と一致しているか言いましょう。 Escucha y di si compartes el mismo gusto o no.

例 **A**: Me gusta cocinar.　　　**B**: A mí también. / A mí, no.
　　A: No me gusta el *sushi*.　**B**: A mí tampoco. / A mí, sí.

1.　　　　2.　　　　3.　　　　4.　　　　5.　　　　6.

2 動詞 encantar, interesar, parecer Verbos encantar, interesar y parecer

10 🔊 音声を聞いて発音し、例文の意味を考え、先生と確認しましょう。Escucha y repite. Luego piensa en el significado de los ejemplos y comprueba con el/la profesor/a.

例 **A**: ¿Te gusta la paella?　　　**B**: Sí, me encanta.
A: ¿Le interesa este proyecto?　**B**: La verdad es que no me interesa mucho.

parecerを使うと「どう思うか」「いいと思うか」のように印象や意見を表現できるよ。encantarはこの動詞だけで「大好き」ということを表現できるから muchoと一緒には使わないよ。

11 🔊 例 **A**: ¿Te parece bien esta idea?　　　**B**: Sí, me parece muy bien.
A: ¿Qué te parece este proyecto?　　**B**: Me parece buen**o**.
A: ¿Qué le parece esta idea a ella?　**B**: Le parece muy buen**a**.
A: ¿Qué te parecen estos edificios?　**B**: Me parecen muy bonit**os**.
A: Este sábado vamos a un restaurante. ¿Te parece?　**B**: ¡Sí, me parece excelente!

3 好みの比較 Comparativo de preferencias

12 🔊 音声を聞いて発音し、例文の意味を考え、先生と確認しましょう。Escucha y repite. Luego piensa en el significado de los ejemplos y comprueba con el/la profesor/a. Practica con tu compañero/a.

preferirは英語の"prefer"と同じで「より好む」ことを指すよ。

13 🔊
preferir	
yo **prefiero**	nosotros **preferimos**
tú **prefieres**	vosotros **preferís**
él **prefiere**	ellos **prefieren**

例 **A**: ¿Qué prefieres, el inglés o el español?
B: Prefiero el español porque es más fácil de pronunciar.
A: ¿Qué prefieres, estudiar español o estudiar matemáticas?
B: Yo prefiero estudiar español porque las matemáticas son difíciles.
A: ¿Qué te gusta más, el té o el café?
B: Me gusta más el café.

más もっと　**fácil** 簡単な　**difícil** 難しい

4 指示代名詞 Pronombres demostrativos

音声を聞いて発音し、指示代名詞の用法と例文の意味を考え、先生と確認しましょう。Escucha, repite y comprueba con el/la profesor/a el uso de los pronombres demostrativos y el significado de las frases.

14 🔊
人や物を指して	これ	それ	あれ	これら	それら	あれら
男性	este	ese	aquel	estos	esos	aquellos
女性	esta	esa	aquella	estas	esas	aquellas

15 🔊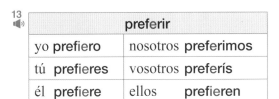

Este es mi hijo.

Estas son mis compañeras.

Aquella es mi bicicleta.

性数がわかるときに使う指示代名詞の形は指示形容詞（この〜、その〜、あの〜）と同じ形だよ。

16 🔊
性がわからないものや抽象的な事柄について	これ、このこと	それ、そのこと	あれ、あのこと
中性	esto	eso	aquello

17 🔊

¿Qué es esto?

Es un dron.

Bebo alcohol todos los días.

Eso no está bien.

Unidad 8 | 使って覚えよう

1 食べ物と飲み物 Comidas y bebidas

18 A 🔊 音声を聞いて発音し、覚えましょう。 Escucha, repite y aprende estas palabras.

comida				bebida	
carne	pescado	pollo	huevo	agua	leche
cerdo	verdura	fruta	dulce	té	café
arroz	pan	queso	jamón	jugo / zumo	gaseosa / refresco
galleta	cereal	pasta	yogur	vino	cerveza

B Aの語彙の性や数を先生と確認しましょう。 Comprueba el género y el número de las palabras de A con el/la profesor/a.

19 C 以下はスペイン語圏でよく見かける飲み物・食べ物です。何を示すか予想し、先生と確認しましょう。 Estas son algunas bebidas y comidas muy comunes en el mundo hispano. Trata de comprender el significado y comprueba con el/la profesor/a.

sin は英語の "without" に相当するよ。

1. agua mineral con gas
2. agua mineral sin gas
3. café con leche
4. arroz con leche
5. cerveza negra

20 D 🔊 音声を聞いて発音し、食べ物の好みについて例を参考にクラスメートと話し、より人気のあった食べ物に〇をしましょう。 Escucha y repite. Luego pregunta a tus compañeros/as sobre sus preferencias siguiendo el modelo y coloca un círculo en los más preferidos.

gustar を使うときに定冠詞を抜かす人が多いので注意してね。

例　**A**: ¿Os gusta el queso?　**B**: A mí sí, me encanta.　**C**: A mí no, no me gusta nada.
　A: ¿Qué prefieres, agua mineral con gas o sin gas?　**B**: Prefiero agua mineral sin gas.
　A: ¿Qué les gusta más, la carne o el pescado?　**B**: Me gusta más la carne.
　C: A mí también.　　**D**: No me gusta ni* la carne ni el pescado.　　*ni~ni... ～も...もない

1. pollo　huevos　　2. queso　jamón　　3. arroz　pasta

2 趣味 Aficiones

21 A 🔊 音声を聞いて発音し、意味を確認しましょう。 Escucha, repite y confirma el significado.

cantar canciones　pasear　tocar la guitarra　jugar al béisbol　viajar　visitar museos　esquiar
bailar con *k-pop*　leer mangas　jugar a videojuegos　salir con amigos　ver películas

22 B あなたは時間がある時に何をするのが好きですか。例を参考に短い作文を書き、言えるようにしましょう。辞書を使ってもかまいません。¿Qué te gusta hacer en tu tiempo libre? Escribe un breve texto siguiendo el modelo y apréndelo de memoria. Puedes buscar nuevas expresiones en el diccionario.

例　En mi tiempo libre toco la guitarra. Una vez a la semana toco la guitarra con un grupo de amigos. Me gusta mucho la guitarra porque puedo hacer amigos.

ヒント：(jugar, yo) → juego　(salir, yo) → salgo　(ver, yo) → veo

3 意見を表現する　Preguntar y expresar la opinión

23 A 音声を聞いて発音し、意味を確認しましょう。Escucha, repite y comprueba el significado de estas expresiones.

24 例　**A**: ¿Qué te parece esta universidad?

　　B: Me parece muy buena.　　　　**B**: No me parece buena.
　　B: Me parece que no es muy buena.

　　A: ¿Crees que es buena esta universidad?
　　B: Sí, creo que es buena.　　　　**B**: Creo que sí.
　　B: No. Creo que no es buena.　　　**B**: Creo que no.

creer 思う・信じる	
creo	creemos
crees	creéis
cree	creen

queはここでは例えば英語の"I think that"の"that"に相当するものだよ。

B 例を参考にクラスメートが以下のことをどう思うか聞いてみましょう。辞書を使ってもかまいません。Pregunta la opinión sobre estos temas a tu compañero/a según el modelo. Puedes buscar expresiones en el diccionario.

1. 英語の授業　　　　　　2. この本
3. この大学の学食（複数）　4. この大学の雰囲気 (el ambiente)

4 第三者の好みや趣味　Gustos y aficiones de otra persona

le gusta や les gusta の le や les は少し覚えにくい傾向にあるから、自分にとって身近な具体例を通じてしっかり身に着けてね。

25 A Diegoの家族が旅行に行く親戚の犬を預かることになりました。音声を聞いて、以下の質問に答えましょう。La familia de Diego va a cuidar la perra de un pariente que se va de vacaciones. Escucha el audio y contesta a las preguntas.

1. ¿Quién es Isabel Margarita?　2. ¿Qué le gusta hacer?
3. ¿Qué no le gusta?　　　　　　4. ¿Qué puede y qué no puede comer la perra?

juguetón/juguetona やんちゃな・わんぱくな　**salud** 健康　**cuidar** 世話をする

26 B 🏃 例を参考に身近な人やペットなどの好みについて作文をし、スマホの写真を見せてクラスメートに紹介しましょう。架空の人物でもかまいません。Escribe un texto sobre los gustos de alguna persona conocida o de tu mascota siguiendo el modelo. Luego presenta lo que has escrito a tu compañero/a mostrando alguna foto en tu teléfono. Puede ser un personaje ficticio.

例　Este es mi padre. A él le gusta mucho viajar. En su tiempo libre, va con mi madre a los baños termales*. A mi padre le gusta cocinar. Cocina muy bien. Pero a mi madre no le gusta cocinar, y tampoco le gusta limpiar la casa. A mi padre no le gustan nada los videojuegos. Por eso, yo nunca juego a videojuegos los fines de semana porque él está en casa.

*baños termales 温泉

スペイン語圏の食べ物：エンパナダ Gastronomía del mundo hispano: empanada

Colombia　Chile　España　Argentina

27 A 音声を聞いて発音しましょう。Escucha y repite.

B 意味を予想しながら読みましょう。知らない単語や表現は辞書で調べてかまいません。ざっくり読んで質問に答える練習なので、テキストを全て細かく理解する必要はありません。Lee el siguiente texto y trata de comprender. Puedes buscar en el diccionario las palabras o expresiones que no conozcas. Esta es una práctica de lectura y comprensión general para contestar a las preguntas, por lo tanto, no es necesario comprender el texto en detalle.

En el mundo hispano hay una gran variedad de comidas y bebidas típicas de cada país y región. Pero algunos países comparten la misma comida, por ejemplo, la empanada. La empanada es una fina masa de pan rellena de carne o de pollo, pero también hay empanadas de verdura, de pescado, de queso, de maíz, etc. La empanada gallega de España es como una tarta con tapa, generalmente rellena de atún. Es grande, por eso con una empanada gallega comen muchas personas. Pero en Hispanoamérica, la empanada es una porción individual y generalmente tiene forma semicircular. Las más famosas tal vez son las empanadas argentinas y chilenas, comúnmente rellenas de carne, cocidas al horno o fritas. ¡Son deliciosas!

C テキストを読んで質問に答えましょう。Lee el texto y contesta las preguntas.

1. ¿Qué es la empanada?
2. ¿Son iguales las empanadas en todos los países del mundo hispano?
3. ¿Cómo es la empanada gallega?
4. ¿Qué tienen las empanadas argentinas o las chilenas?

課のまとめと応用

28 A DiegoとKenは授業後に食事に行きます。何を食べに行くか選びましょう。
Diego y Ken van a comer juntos después de las clases. Escucha el audio y señala lo que van a comer.

うどん　牛丼　エンパナダ　海鮮丼　親子丼　カレーライス

Lo siento. 残念です。
vegetariano/a ベジタリアン
vegano/a ビーガン　tipo タイプ

29 B 音声の質問に答えましょう。（5問）Contesta a las preguntas del audio.

30 C 音声の文が答えになる疑問文を言いましょう。（3問）Di las preguntas para las frases del audio.

第9章 聞いて考えよう

DiegoやJavierと一緒に近場に旅行にも行ったよ。「きれい」とか「電車」「花」とか、最初は言えることも限られていたけど楽しかった。旅行の途中でも見た紫色っぽい花を「青い花」って言っていた。色の感じ方が少し違うのかな？日常を離れた場所で彼らとコミュニケーションをとることは僕にとって冒険だったな。

河口湖

1 A 音声を聞きましょう。Escucha el audio.

B 音声を止めながら発音練習をしましょう。
Vuelve a escuchar y repite deteniendo el audio.

C 右のヒントを参考に、音声の内容の意味を予想しましょう。
Vuelve a escuchar e intenta comprender el significado mirando el vocabulario.

D もう一度音声を聞き、以下の質問に答えましょう。
Vuelve a escuchar el audio y contesta a las siguientes preguntas.

1. ¿Qué quiere ver Diego?
2. ¿Desde dónde pueden ver bien el monte Fuji?
3. ¿Dónde está el lago?
4. ¿Hace frío en Kawaguchiko en otoño?
5. ¿Van a ir al lago Kawaguchiko?

ヒント

conoces < conocer (体験的に) 知っている・知る
buen < bueno lugar 場所
el monte Fuji 富士山
oigan 「ねえ」などustedesの注意をひく表現
¿Qué tal si... ～するのはどう？ lago 湖
desde から hora 時間 estupendo/a 素敵な
montaña 山 bosque 森 hace frío 寒い
primavera 春 otoño 秋 hace calor 暑い
invierno 冬 hace buen tiempo 天気がよい
genial とてもいい entonces では

音読して練習しよう

 CHECK! 練習帳

2 A 🗣 音声を思い出しながら練習帳のスクリプトを音読しましょう。Practica la lectura del texto en el cuaderno de ejercicios.

B 音声を聞いて発音し、例を参考にリストの場所に行ったことがあるか、クラスメートと話しましょう。
Escucha y repite. Luego pregunta a tu/s compañeros/as si conocen los lugares de abajo usando el siguiente modelo.

例 A: ¿Conoces la torre de Tokio? B: Sí, **la** conozco. / No, no **la** conozco.
A: ¿Conoces el monte Fuji? B: Sí, **lo** conozco. / No, no **lo** conozco.

el castillo de Himeji el lago Inawashiro
el monte Aso el edificio Abenoharukasu

 **この課の目標**

コミュニケーション：自然の観光地について簡潔に説明できる。知っていることや体験したことがあることについて表現できる。
文法：saber, conocerの活用が言えて文脈の中で使える。直接目的人称代名詞が文脈の中で使える。alguno, ningunoを文脈の中で使うことができる。
語彙・表現：天候・交通手段・月と季節・東西南北の語彙を文脈の中で使える。

1 直接目的人称代名詞 Pronombre de objeto directo

A 音声を聞いて発音し、例文の意味と下線部が何を指すかを、先生と確認しましょう。Escucha y repite. Luego piensa en el significado de estas frases y qué significa las partes en rojo. Comprueba con el/la profesor/a.

例　A: ¿Compras este libro?　　　　B: Sí, **lo** compro.
　　A: ¿Compras estos chocolates?　B: Sí, **los** compro.
　　A: ¿Compras esta carne?　　　　B: Sí, **la** compro.
　　A: ¿Compras estas frutas?　　　B: No, no **las** compro.

英語の "I love you." に相当するスペイン語もこの文法項目を使うよ。下の母の日によく使うフレーズも見てね。

B 以下はスペイン語の直接目的人称代名詞です。音声を聞いて発音し、表の内容を確認し、言えるようにしましょう。Escucha y repite. Observa la tabla, comprueba el significado y aprende los pronombres de objeto directo.

私を	me	私達を	nos
君を	te	君達を	os
彼を、あなたを（男性）それを（男性・中性）	lo	彼らを、あなた方を、それらを	los
彼女を、あなたを（女性）それを（女性）	la	彼女らを、あなた方を（女性）それらを（女性）	las

TE QUIERO MAMI

母の日のメッセージの例

C 以下の動詞の活用を聞いて発音し、その後口頭で活用して先生にチェックしてもらいましょう。Escucha y repite. Luego conjuga estos verbos oralmente y comprueba con el/la profesor/a.

escuchar 聞く　usar 使う　ver（見る・会う）　entender（理解する）　acompañar（一緒に行く・付き添う）　esperar（待つ）

D 音声を聞いて発音し、例文の意味を考え、先生と確認しましょう。Escucha, repite y comprueba el significado con el/la profesor/a.

例　A: ¿Usas este diccionario?　　　B: No, no **lo** uso.
　　A: ¿**Me** escuchan ustedes?　　　B: Sí, **te** escuchamos.
　　A: ¿Quién **os** acompaña?　　　　B: **Nos** acompaña Leonardo.
　　A: ¿Entiendes a la profesora?　　B: Sí, **la** entiendo perfectamente.
　　A: ¿Dónde están? No **los** veo.　B: Estamos en la parada de bus. ¿**Nos** ves?
　　A: ¿Dónde **los** espero a ustedes?　B: ¿**Nos** esperas en la cafetería?

me escuchan は直訳すると「私を聞く」だけど、意味的には「私の話（言うこと）を聞く」だよ。la entiendo も「彼女のこと（言うこと）を理解する」ということだよ。acompañar は少し難しく感じるかもしれないけれど、スペイン語では人を送ったり、誰かが何かをするときに付き合う（付き添う）際によく使う日常的な表現だよ。

CHECK!
練習帳

動詞の原形と使う場合はどうなるかな。練習帳に補足があるよ。

2 動詞 saber, conocer Verbos saber y conocer

A 音声を聞いて発音し、活用を覚えましょう。Escucha, repite y aprende la conjugación.

saber		conocer	
yo **sé**	nosotros **sabemos**	yo **conozco**	nosotros **conocemos**
tú **sabes**	vosotros **sabéis**	tú **conoces**	vosotros **conocéis**
él **sabe**	ellos **saben**	él **conoce**	ellos **conocen**

saber と conocer はどちらも英語の "know" に相当する動詞だよ。saber は「知識やスキルがあること」、conocer は「経験として知っていること」を表すけど、説明ではわかりにくいところもあるから例文の意味を先生としっかり確認してね。

8 **B** 音声を聞いて発音し、例文の意味を考え、先生と確認しましょう。 Escucha, repite y comprueba el significado con el/la profesor/a.

例 **A**: ¿Sabes su nombre?   **B**: Sí, es Jorge.   **B**: No, no lo sé.

 A: ¿Sabes cuántos años tiene Manuel?   **B**: Sí, tiene treinta años.

 A: ¿Saben ustedes dónde está la tienda de María?   **B**: No, no lo sabemos.

 A: ¿Sabes hablar en chino?   **B**: Sí, sé hablar un poco de chino.

 A: ¿Conoces a Mariana?   **B**: No, no la conozco. ¿Quién es?

 A: ¿Conoces el restaurante de Mariana?   **B**: Sí, lo conozco. A veces como allí.

> ここは何度も聞いて
> まず音のレベルで語
> 順を覚えることが大
> 切だよ。

> ¿Conoces a Mariana?の
> ように、直接目的語が物や
> 場所でなくて人の場合は、a
> を入れてね。

③ 不定語 alguno・否定語 ninguno   Indefinido "alguno", negativo "ninguno"

音声を聞いて発音し、例文の意味を考え、先生と確認しましょう。つづいて、練習帳で練習しましょう。 Escucha, repite y comprueba el significado con el/la profesor/a. Luego practica en el cuaderno de ejercicios.

> ここでは後ろに名詞を伴って
> 「何か」「誰か」「どこか」に相
> 当する意味になるalgunoと
> その否定ninguno
> を覚えてね。

9
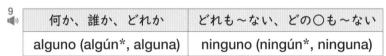

何か、誰か、どれか	どれも～ない、どの○も～ない
alguno (algún*, alguna)	ninguno (ningún*, ninguna)

* 男性単数の名詞の前では alguno は algún に、ninguno は ningún になる。

10 例 **A**: ¿Tienes algún libro?   **B**: No, no tengo ningún libro.
                                          = No, no tengo ninguno.

 A: ¿Tienes alguna silla?   **B**: No, no tengo ninguna silla.
                                          = No, no tengo ninguna.

 A: ¿Conoces a alguna profesora china?   **B**: No, no conozco a ninguna profesora china.
                                          = No, no conozco a ninguna.

④ 交通手段と前置詞   Medios de transporte y preposiciones

11 **A** 音声を聞いて発音し、意味を考え、先生と確認しましょう。
Escucha, repite y comprueba el significado con el/la profesor/a.

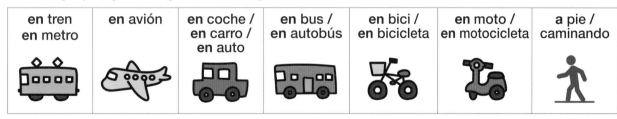

en tren en metro	en avión	en coche / en carro / en auto	en bus / en autobús	en bici / en bicicleta	en moto / en motocicleta	a pie / caminando

12 **B** 🧑‍🤝‍🧑 例を参考にクラスメートに大学までの交通手段を質問し合いましょう。 Pregunta a tu compañero/a cómo viene a la universidad y por qué, usando el modelo.

例 **A**: ¿Cómo vienes a la universidad?   **B**: Vengo a la universidad en bus.

 A: ¿En bus? ¿Por qué vienes en bus?   **B**: Porque en bus es más barato*. Y tú, ¿cómo vienes?

 A: Yo vengo caminando.   **B**: ¿Caminando? ¿Por qué vienes caminando?

 A: Porque vivo cerca de la universidad.

*安い

1 天候表現 Clima

13 A 音声を聞いて発音し意味を考え、先生と確認しましょう。Escucha, repite y comprueba el significado con el/la profesor/a.

¿Qué tiempo hace hoy?				
Hace buen tiempo.	Hace mal tiempo.	Hace sol.	Está nublado. / Hay nubes.	Hace viento. / Hay viento.
Llueve.（動詞原形 llover）	Nieva.（動詞原形 nevar）	Hace calor. Hace mucho calor.	Hace frío / Hace mucho frío.	

14 B 音声を聞いて発音し、次にクラスメートと例を参考に以下の都市の天気をスマホで調べて言いましょう。Escucha, repite y practica con tu compañero/a según el modelo. Averigua el pronóstico del tiempo de estas ciudades con tu teléfono.

例　A: ¿Qué tiempo hace hoy por la tarde en Naha?　　　B: En Naha llueve por la tarde.
　　　　　　　　　　　　　　　　　　　　　　　　　　En Naha hace mucho calor por la tarde.

1. Kagoshima　　2. Akita　　3. Seúl (Corea del Sur)　　4. Montevideo (Uruguay)

2 月と季節 Meses y estaciones del año

15 A 音声を聞いて発音し、言えるようにしましょう。Escucha, repite y aprende.

invierno →　←			primavera →　←		
enero	febrero	marzo	abril	mayo	junio
julio	agosto	septiembre	octubre	noviembre	diciembre
verano →　←			otoño →　←		

16 B 音声を聞いて発音し、例を参考にクラスメートと右のリストを使って話しましょう。Escucha, repite y pregunta a tu compañero/a cuándo son estas fiestas según el modelo.

例　A: ¿En qué mes es *Tanabata*?　　　B: *Tanabata* es en julio.

正月　　お盆　　父の日
七五三　　憲法記念日

17 C 音声を聞いて発音し、例を参考にクラスメートと各季節に何をするのが好きか話しましょう。辞書を使って構いません。Escucha, repite y pregunta a tu compañero/a qué le gusta hacer en cada estación según el modelo. Puedes buscar palabras en el diccionario.

例　A: ¿Qué te gusta hacer en invierno?　　　B: En invierno, me gusta esquiar.

¹⁸ **3** 文化祭の企画 Festival universitario

Javierとその友人が文化祭でスペイン語圏の文化を紹介します。音声を聞いて3人は何ができるか、参加できるかを書きましょう。Javier y su amiga van a presentar algo sobre la cultura del mundo hispano en el festival universitario. Escucha el audio y escribe qué pueden hacer las siguientes personas, y si pueden participar en el festival o no.

Sandra: _____   ¿Puede participar? _____

Alejandro: _____   ¿Puede participar? _____

Paula: _____   ¿Puede participar? _____

ayuda 支援、助け	**¡Qué pena!** 残念だ
excelente すばらしい	**invitar** 招待する
verdad 本当	

4 自然の観光地 Lugares turísticos naturales

¹⁹ **A** 音声を聞いて発音し、意味を調べましょう。Escucha, repite, y comprueba el significado.

montaña　monte　lago　río　aguas termales

mar　playa　isla　bosque　desierto

²⁰ **B** 🗣 音声を聞いて発音し、例を参考に皆さんが知っている自然の観光地を紹介し合いましょう。どこにあるか、都市からの距離や交通手段、何があるか、いつ訪れるのがよいかなどの情報も入れましょう。Escucha, repite y siguiendo el modelo presenta a tu compañero/a algún lugar turístico natural. Menciona la distancia desde alguna ciudad, el medio de transporte, qué hay y cuándo es bueno visitarlo.

例 **A**: ¿Hay algún lugar interesante para visitar cerca de Osaka?

B: ¡Sí, claro! Por ejemplo, las aguas termales de Arima, ¿Las conoces?

A: No, no las conozco. ¿Dónde están?

B: Están en Kobe, muy cerca de Osaka.

A: ¿Qué hay en Arima?

B: Hay unas aguas termales muy famosas y también hay muchas comidas tradicionales. A mí me gusta visitar Arima en otoño porque no hace calor.

エクアドルの地理と気候 Geografía y clima de Ecuador

A エクアドルの首都、キトの標高はどこが一番近いでしょうか。予想してみましょう。

¿Cuál de las siguientes opciones se aproxima más a la altura de Quito, la capital de Ecuador?

1. 東京スカイツリー（634 m）　　2. 群馬県草津村（約1180 m）　　3. 富士山5合目（約2400 m）

21 B 音声を聞いて読んで発音し、次に意味を予想しながら読みましょう。知らない単語や表現は辞書で調べてかまいません。ざっくり読んで質問に答える練習なので、テキストを全て細かく理解する必要はありません。Esciucha y repite. Lee el siguiente texto y trata de comprender. Puedes buscar en el diccionario las palabras o expresiones que no conozcas. Esta es una práctica de lectura y comprensión general para contestar a las preguntas, por lo tanto, no es necesario comprender el texto en detalle.

22
La República del Ecuador es uno de los países más pequeños de Sudamérica. Su territorio (256 370 km²) es un poco menor que la isla de Honshu en Japón. Está en el noroeste de Sudamérica y limita al norte con Colombia, al sur y al este con Perú y al oeste con el océano Pacífico.

El nombre Ecuador viene de la línea ecuatorial, por eso Ecuador está en el hemisferio norte y en el hemisferio sur. La cordillera de los Andes atraviesa* el territorio de norte a sur. Las islas Galápagos son de Ecuador y están a mil kilómetros de la costa.

Ecuador tiene una gran variedad geográfica y muchos climas: el clima de las altas montañas, el clima cálido en la costa, y el clima tropical de la selva. Quito, la capital, está a 2850 metros de altura, y su clima es muy variable. A veces, en un mismo día hace mucho calor, como en verano, y mucho frío, como en invierno.

*atraviesa < atravesar 横切る

C 質問に答えましょう。Contesta a las siguientes preguntas.

1. ¿Dónde está Ecuador?　　2. ¿Por qué se llama Ecuador?　　3. ¿Cómo es el clima de la costa?
4. ¿A cuántos kilómetros de la costa están las islas Galápagos?　　5. ¿Cómo es el clima de la selva?

課のまとめと応用　Repaso final

23 A 音声を聞いて質問に答えましょう。Escucha y contesta a las siguientes preguntas.

1. ¿Dónde está su país?
2. ¿Qué es el 25% del territorio de Costa Rica?
3. ¿Qué hay en Costa Rica?
4. ¿Hace calor en Costa Rica?

territorio 領土　juntas < junto 一緒に　característica 特徴　primero/a 一番目　ejército 軍　segundo/a 二番目
exótico/a エキゾチックな　seco/a 乾燥した　temporada 季節・時期　lluvia 雨　verde 緑

24 B 音声の質問に答えましょう。（5問）Contesta a las preguntas del audio.

25 C 音声の文が答えになる疑問文を言いましょう。（3問）Di las preguntas para las frases del audio.

¡Nunca me levanto antes de las siete!

第10章　聞いて考えよう

いろいろな国の人に知り合って、日常の時間帯とか時間の感覚がかなり違うことを実感したよ。それは地域差から来るものなのかな？

ヒント

sale < salir 出る　temprano 早く
me levanto < levantarse 起きる
antes de... ～前に　por lo general 一般的に
me acuesto < acostarse 就寝する
tarde 遅くに　duermo < dormir 眠る
hora 時間　así que だから　poco 少ししか～ない
si もし　siesta 昼寝　después de... ～の後で
almorzar 昼食をとる　común 普通の・一般的な
lo siento 残念ですが　irme < irse 帰る　ya もう
nos vemos < verse 互いに会う
terminal ターミナル
¡Nos vemos! また会いましょう！

🔊1 **1** **A** 音声を聞きましょう。Escucha el audio.

B 音声を止めながら発音練習をしましょう。
Vuelve a escuchar y repite deteniendo el audio.

C 右のヒントを参考に、音声の内容の意味を予想しましょう。
Vuelve a escuchar e intenta comprender el significado mirando el vocabulario.

D 音声の内容に従って、正しいと思ったら V (verdadero)、正しくないと思ったら F (falso) と入れましょう。
Fíjate en las siguientes frases y escribe "V" (verdadero) o "F" (falso) según el audio.

1. **Diego**: "Siempre me levanto temprano." ＿＿＿
2. **Javier**: "Me acuesto tarde." ＿＿＿
3. **Ken**: "Duermo mucho." ＿＿＿
4. **Ken**: "Duermo la siesta a veces." ＿＿＿

音読して練習しよう

CHECK!
練習帳

2 **A** 音声を思い出しながら練習帳のスクリプトを音読しましょう。Practica la lectura del texto en el cuaderno de ejercicios.

🔊2 **B** 👥 音声を聞いて発音し、クラスメートに**A**の内容を質問しましょう。Escucha y repite. Luego practica con tu compañero/a usando el modelo y el vocabulario.

例　**A**: ¿Te levantas temprano normalmente?　　**B**: Sí, me levanto temprano.
　　　　　　　　　　　　　　　　　　　　　　　　B: No, me levanto tarde.

　　A: ¿Te duchas por la mañana o por la noche?　**B**: Me ducho por la mañana.

　　A: ¿Cuántas horas duermes normalmente?　　**B**: Duermo unas seis horas.

---

te levantas, me levanto < levantarse 起きる　temprano 早く　tarde 遅く
te duchas, me ducho < ducharse シャワーを浴びる　duermes, duermo < dormir 眠る　unas < unos 約

この課の目標

コミュニケーション：日常で習慣的に行う行動について表現できる。

文法：語幹母音変化動詞、代名（再帰）動詞の原形・活用がわかり文脈の中で使える。

語彙・表現：時刻、およその時間を表現できる。順序の表現を文脈の中で使える。

1 語幹母音変化動詞 Verbos con cambio vocálico (e → ie, o → ue)

A 音声を聞いて発音し、活用を覚えましょう。Escucha, repite y aprende la conjugación.

empezar 始める・始まる	
yo empiezo	nosotros empezamos
tú empiezas	vosotros empezáis
él empieza	ellos empiezan

dormir 寝る・眠る	
yo duermo	nosotros dormimos
tú duermes	vosotros dormís
él duerme	ellos duermen

> 母音が変化する動詞にはパターンがあるけど、まずは文脈の中で動詞の意味を理解して原形とyoの形をしっかり覚えよう。そこができていると活用全体も覚えやすくなるよ。

B 以下の動詞の意味を調べ、音声を聞いて発音し、原形とyoの活用形を覚えましょう。Averigua el significado de los siguientes verbos. Luego, escucha, repite y aprende el verbo en infinitivo y la conjugación con "yo".

volver	comenzar	almorzar	cerrar
yo vuelvo	yo comienzo	yo almuerzo	yo cierro

C 活用を聞いて発音し、その後口頭で活用して先生にチェックしてもらいましょう。Escucha y repite. Luego conjuga estos verbos oralmente y comprueba con el/la profesor/a.

D 音声を聞いて意味を言いましょう。Escucha y dilo en japonés.

例 (hablar, yo) → yo hablo.

1.　　　2.　　　3.　　　4.　　　5.　　　6.　　　7.　　　8.

2 代名動詞（再帰動詞）Verbos pronominales (reflexivos)

A 音声を聞いて発音し、活用を覚えましょう。Escucha, repite y aprende la conjugación.

levantarse 起床する・起き上がる	
yo me levanto	nosotros nos levantamos
tú te levantas	vosotros os levantáis
él se levanta	ellos se levantan

vestirse 服を着る・身支度をする	
yo me visto	nosotros nos vestimos
tú te vistes	vosotros os vestís
él se viste	ellos se visten

> 代名動詞には「自分自身を～する」「お互いに～する」などいろいろな意味があるから、出てきたときに一つ一つ意味を確認して覚えよう。「再帰動詞」として紹介されることも多いよ。vestirseは音で覚えよう。

B 以下の動詞の意味を調べ、音声を聞いて発音し、原形とyoの活用形を覚えましょう。Averigua el significado de los siguientes verbos y expresiones. Luego, escucha, repite y aprende el verbo en infinitivo y la conjugación con "yo".

despertarse	afeitarse	bañarse	ducharse	acostarse	maquillarse
yo me despierto	yo me afeito	yo me baño	yo me ducho	yo me acuesto	yo me maquillo

lavarse la cara	ponerse los zapatos	quitarse los zapatos
yo me lavo la cara	yo me pongo los zapatos	yo me quito los zapatos

C 活用を聞いて発音し、その後口頭で活用して先生にチェックしてもらいましょう。Escucha y repite. Luego conjuga estos verbos oralmente y comprueba con el/la profesor/a.

D 音声を聞いて、活用を言いましょう。Escucha y di la forma del verbo que corresponde.

例 (levantarse, yo) → yo me levanto

1.　　　2.　　　3.　　　4.　　　5.　　　6.　　　7.　　　8.

¹¹ **E** 🔊 音声を聞いて発音し、イラストを参考にクラスメートと意味の違いを話し合い、先生と確認しましょう。Escucha y repite. Luego observa las siguientes ilustraciones y comenta las diferencias con tu compañero/a y con el/la profesor/a.

Mi perro me despierta.	Me despierto.	Me levanto.	Yo la levanto.	Me visto.
Me lavo la cara.	Lavo los platos.	Pongo un paquete.	Me pongo los zapatos.	Me pongo el pijama.

¹² **F** 🔊 音声を聞いて発音し、イラストを参考に意味を考え、先生と確認しましょう。最後に表現として覚えましょう。Escucha y repite. Luego observa las siguientes ilustraciones y comprueba el significado con el/la profesor/a. Aprende estas frases.

irse, verse ①

Andrea: ¿Ya te vas?
Daniel: Sí, Me voy. ¡Nos vemos mañana!
Andrea: ¡Adiós! Nos vemos mañana.

llamarse ②

Profesor: Hola. ¿Cómo te llamas?
Yuki: Me llamo Yuki.

¹³ **G** 🔊 音声を聞いて発音し、**F**で使われている動詞の活用を確認しましょう。
Escucha y repite. Confurma la conjugación de los verbos de F.

補足が練習帳にあるよ。

CHECK!
練習帳

3 代名動詞原形の用法 Uso de los verbos pronominales en infinitivo

¹⁴ **A** 🔊 音声を聞いて発音し、例文の意味と文法的なポイントを考え、先生と確認しましょう。
Escucha, repite, piensa en el significado de estas frases y comprueba con el/la profesor/a.

antes de と después de の後では動詞は原形にしてね。
例：antes de comer

antes de... ～の前に　**después de...** ～の後で

例　A: ¿Qué haces normalmente antes de acostar**te**?
　　A: Niños, ¿qué tienen que hacer después de levantar**se**?

B: Me baño siempre antes de acostar**me**.
B: ¡Tenemos que lavar**nos** la cara!

¹⁵ **B** 🔊 音声を聞いて発音し、例文の意味と語順について考え、先生と確認しましょう。Escucha, repite, piensa en el significado de estas frases y en el orden de las palabras y comprueba con el/la profesor/a.

例　A: ¿Qué vas a hacer?

B: Voy a duchar**me**.
= **Me** voy a duchar.

　　A: ¿Ya tienes que ir**te**?
　　= ¿Ya **te** tienes que ir?

B: Sí, tengo que ir**me**. Mañana tengo que levantar**me** temprano.
= Sí, **me** tengo que ir. Mañana **me** tengo que levantar temprano.

1 時刻の表現1 Hora I

¹⁶ 🔊 **A** 音声を聞いて発音し、先生と意味を確認しましょう。
Escucha y repite. Comprueba el significado con el/la profesor/a.

今何時？	¿Qué hora es?
1:00	Es la una.
2:00	Son las dos.
4:05	Son las cuatro y cinco (minutos).
6:15	Son las seis y cuarto.
8:30	Son las ocho y media.
9:40	Son las **diez** menos veinte.
10:45	Son las **once** menos cuarto.
10:55	Son las **once** menos cinco.
12:00	Son las doce (en punto).

B 👥 例を参考に、クラスメートと時刻を言う練習をしましょう。
Practica con tu compañero/a la hora en español.

例 **A**: ¿Qué hora es?　**B**: Es la una.

a. 10:20　　b. 1:30　　c. 8:15　　d. 6:55　　e. 5:45　　f. 12:50

¹⁷ 🔊 **C** 音声を聞いて発音し、「午前の」「午後の」「夜の」を付けた言い方で時刻を言いましょう。Escucha y repite. Di la hora señalando si es por la mañana, por la tarde o por la noche.

例　8:00 → **A**: ¿Qué hora es?　　　　**B**: Son las ocho **de la mañana**.
　　14:00 → **A**: ¿Qué hora es?　　　 **B**: Son las dos **de la tarde**.
　　23:00 → **A**: ¿Qué hora es?　　　 **B**: Son las once **de la noche**.

a. 9:30　　b. 15:15　　c. 20:40　　d. 22:45　　e. 10:10　　f. 7:15　　g. 18:50

¹⁸ 🔊 **D** 👥 音声を聞いて発音し、クラスメートと以下の都市の現在の時刻を言いましょう。
Escucha y repite. Di a tu compañero/a la hora en las siguientes ciudades siguiendo el modelo.

> 例　Madrid (- 8 horas: diferencia horaria)
>
> **A**: ¿Qué hora es ahora en Madrid?　**B**: En Madrid son las siete y media **de la mañana**.

1. Manila (-1 hora)　　2. Wellington (+3 horas)　　3. Lima (-14 horas)　　4. Montevideo (-12 horas)

2 時刻の表現2 Hora II

¹⁹ 🔊 音声を聞いて発音し、先生と意味を確認しましょう。次に例を参考にクラスメートと以下のことが何時であるか質問し合いましょう。Escucha, repite y comprueba el significado con el/la profesor/a. Luego, siguiendo el modelo, pregunta a tu compañero/a a qué hora se realiza lo siguiente.

例　**A**: ¿A qué hora llega el tren a la estación?　　**B**: El tren llega **a** las tres y veinte de la tarde.

llegar el tren 15:20	**abrir el banco** 10:00	**cerrar la tienda** 16:00	**salir de casa (él)** 7:30	**empezar la clase** 9:15	**comenzar el partido** 21:00

3 およその時間 Hora aproximada

20 音声を聞いて発音し、先生と意味を確認しましょう。Escucha, repite y comprueba el significado con el/la profesor/a.

例 **A**: ¿A qué hora llegamos a Nagoya?　　　　　**B**: Vamos a llegar a las tres **más o menos**.
　　　　　　　　　　　　　　　　　　　　　　　B: Vamos a llegar **sobre** las tres.
　　　　　　　　　　　　　　　　　　　　　　　B: Vamos a llegar **hacia** las tres.

　　 A: ¿Cuántas horas duermes?　　　　　　　　**B**: Duermo siete horas **más o menos**.
　　　　　　　　　　　　　　　　　　　　　　　B: Duermo **unas** siete horas.

4 日常生活 Vida diaria

21 **A** 音声を聞いて発音し、先生と意味を確認しましょう。 Escucha, repite y comprueba el significado con el/la profesor/a.

例 **A**: ¿Qué hace su esposo* por la mañana?　　　　　　　　　　　　　　　*夫
　　 B: Pues, se levanta sobre las siete, **primero** desayuna**, **luego** se lava los dientes,　**朝食をとる
　　　　 y **después** se ducha... y **por último** sale a las nueve más o menos...

22 **B** Diegoの妹MiriamがSNSで知り合った仲間に自分の生活について話していま
す。彼女とお母さんの話す内容で一致していること・していないことを書きましょ
う。Miriam le cuenta cómo es su vida a una amiga que conoció por SNS. Luego, su madre
habla sobre las costumbres de su hija. Escribe en español qué cosas coinciden y cuáles no.

一致している：

一致していない：

| deberes 宿題　vida sana 健康的な生活 |
| si もし　rápido 速く |

C あなたが通常土曜日に行うことに〇をつけましょう。Marca las cosas que haces los sábados normalmente.

despertarse　levantarse　desayunar　lavarse los dientes　maquillarse　afeitarse　salir de casa
salir con los amigos　almorzar (comer)　dormir la siesta　volver a casa　ducharse o bañarse
cenar solo/a　ver la televisión　acostarse

D あなたが土曜日に行うことを順番に並べ、時刻の表現も付けた文章にしましょう。Escribe qué haces los sábados
en el orden y la hora que lo haces.

Por la mañana	Por la tarde	Por la noche

23 **E** 🎙 音声を聞いて発音し、例を参考に **C** の語彙を使ってクラスメートと質問しあいましょう。Escucha, repite y
practica con tu compañero/a siguiendo el modelo y el vocabulario de C.

例 **A**: ¿Sales de casa los sábados?　　　　　　　**B**: Normalmente no, prefiero descansar.
　　 A: ¿Qué haces los domingos por la mañana?　**B**: Pues, primero me despierto, luego....
　　 A: ¿A qué hora te despiertas normalmente?　　**B**: Me despierto sobre las ocho.

「シエスタ（昼寝）」の習慣　La siesta, ¿una costumbre del mundo hispano?

24 A 音声を聞いて発音した後、テキストを読みましょう。知らない単語は辞書で調べましょう。Escucha y repite.
Luego lee el texto y averigua las palabras que no conozcas en el diccionario.

　　La siesta es una costumbre muy común en el mundo hispano. Muchas personas piensan que es una costumbre española, pero en realidad viene de Italia o, mejor dicho, del Imperio Romano. Según los romanos, al contar las horas desde la salida del sol, el mediodía es la "sexta hora", y de allí viene la palabra "siesta". En España, la comida o el almuerzo es a las dos de la tarde más o menos. Después de la comida mucha gente descansa, sobre todo en los lugares muy calurosos. Por eso, la siesta es larga y muchas tiendas están cerradas hasta las cuatro o cinco de la tarde. Aunque actualmente no todos duermen la siesta, todavía es una de las costumbres tradicionales de la vida diaria en el mundo hispano.

> **piensan < pensar** 考える　**mejor dicho** というよりはむしろ　**al contar las horas** 時刻を数える際に

B 内容と一致していると思えばV (verdadero)、一致していないと思えばF (falso) と 入れましょう。
Escribe "V" (verdadero) o "F" (falso) de acuerdo con el texto.

1. La siesta es una costumbre que viene de España.
2. La palabra "siesta" viene de "sexta hora".
3. Los españoles comen a las doce del mediodía.
4. En España muchas tiendas están cerradas cuatro o cinco horas por la tarde.
5. En el mundo hispano, la siesta es una costumbre tradicional.

課のまとめと応用　Repaso final

25 A 音声を聞いて、Diego と Javier が慣れている、あるいは慣れていない
日本の慣習をスペイン語で書きましょう。Escucha el diálogo entre Diego y Javier
sobre algunas costumbres de la vida en Japón. Luego escribe las cosas a las que está acostumbrado,
y las cosas a las que todavía no está acostumbrado cada uno de ellos.

> **estar acostumbrado/a** 慣れている　**extraño/a** 奇妙な　**para mí** 自分にとって
> **estar cerrado/a** 閉まっている　**costumbre** 習慣　**palillos** お箸　**persona** 人
> **a decir verdad** 実のところ　**dar vergüenza** 恥ずかしい　**comprender** 理解する

	Está acostumbrado	No está acostumbrado
Diego		
Javier		

26 B 音声の質問に答えましょう。（5問）Contesta a las preguntas del audio.

27 C 音声の文が答えになる疑問文を言いましょう。（3問）Di las preguntas para las frases del audio.

徹夜でアルバイトをした後、授業で眠くて
体調が悪くなったことがあったよ。教室で
寝ちゃってスペイン語の先生に心配された
な。怒られなかったのは普段真面目に授業
を受けていたのが幸いしたかな。

ヒント

¿Qué te pasa? どうしたの？
¿Te sientes mal? 気分がわるいの？
¿Estás durmiendo? ＜ dormir 寝ているの？
lo siento すみません　sueño 眠気
mala cara 悪い顔色　enfermo/a 病気である
duele ＜ doler ～が痛む　cabeza 頭
cansado/a 疲れている　tal vez 多分・おそらく
resfriado/a 風邪を引いている　fiebre 熱
dolor 痛み　cuerpo 体　terminar 終える・終わる
bueno OK　¡Cuídate mucho! お大事に！

1 A 音声を聞きましょう。Escucha el audio.

B 音声を止めながら発音練習をしましょう。
Vuelve a escuchar y repite deteniendo el audio.

C 右のヒントを参考に、音声の内容の意味を予想しましょう。
Vuelve a escuchar e intenta comprender el significado mirando
el vocabulario.

D もう一度音声を聞き、以下の質問に答えましょう。
Vuelve a escuchar el audio y contesta a las siguientes preguntas.

1. ¿Está durmiendo Ken?
2. ¿Está bien Ken?
3. ¿Por qué Ken no tiene mucho tiempo para dormir?
4. ¿Tiene fiebre Ken?

音読して練習しよう

CHECK!
練習帳

2 A 音声を思い出しながら練習帳のスクリプトを音読しましょう。Practica la lectura del texto en el cuaderno de ejercicios.

B 🗣 音声を聞いて発音し、意味を考え、先生と確認しましょう。その後、イントネーションに注意して
クラスメートと練習しましょう。Escucha, repite y comprueba el significado con el/la profesor/a. Luego practica con tu
compañero/a usando el modelo. Presta atención a la entonación.

例　**A**: ¿Qué te pasa? ¿Te sientes bien?　　**B**: Sí, me siento bien.
　　　　　　　　　　　　　　　　　　　　　B: No, no me siento bien.

　　A: ¿Qué te pasa? ¿Te sientes mal?　　**B**: Sí, me siento un poco mal.
　　　　　　　　　　　　　　　　　　　　　B: No, me siento bien.

¿Qué te pasa? どうしたの？
te sientes, me siento
＜ sentirse 気分が～である

この課の目標

コミュニケーション：心身の状態について表現できる。体の痛みについて表現できる。
　　　　　　　　　　現在行っていることについて表現できる。
文法：現在進行形が使える。mucho, poco ＋名詞が使える。algo, nada, alguien, nadie が使える。
　　　否定疑問文に正しく答えることができる。
語彙・表現：身体の部位や、心身の状態を表現できる。

1 現在分詞と現在進行形 Gerundio y presente continuo

A 音声を聞いて発音し、現在進行形の活用を覚えましょう。Escucha, repite y aprende la conjugación.

hablar		
yo **estoy hablando**	nosotros **estamos hablando**	
tú **estás hablando**	vosotros **estáis** hablando	
él **está** hablando	ellos **están** hablando	

現在進行形は英語の"be +ing"形に相当して、「〜しているところだ」ということを意味するよ。

B 音声を聞いて発音し、-ar, -er, -ir動詞の現在分詞の作り方を理解しましょう。
Escucha, repite y observa cómo se forma el gerundio de los verbos del infinitivo -ar, -er, e -ir.

trabajar → **trabaj<u>ando</u>**　　estudiar → **estudi<u>ando</u>**　　tomar → **tom<u>ando</u>**
comer → **com<u>iendo</u>**　　aprender → **aprend<u>iendo</u>**　　volver → **volv<u>iendo</u>**
escribir → **escrib<u>iendo</u>**　　abrir → **abr<u>iendo</u>**　　subir → **sub<u>iendo</u>**

C 音声を聞いて意味を言いましょう。Escucha y di el significado en japonés.

例　Estoy estudiando español. → 私はスペイン語を勉強しています。

1.　　2.　　3.　　4.　　5.　　6.　　7.　　8.

CHECK! 練習帳　不規則や代名動詞の場合についての補足が練習帳にあるよ。

2 心身の状態 Estado físico y emocional

A 音声を聞いて発音し、例文の意味と文法的なポイントを先生と確認しましょう。
Escucha y repite. Observa los ejemplos, comprueba el significado y la gramática con el/la profesor/a.

tenerを使う表現

| Tengo hambre. | Tengo sed. | Tengo fiebre. | Tengo tos. | Tengo dolor de... |
| Tengo frío. | Tengo calor. | Tengo sueño. | Tengo alergia a... | |

un poco deは後ろに何がきても形は変わらないよ。

例　**A**: ¿Qué te pasa? ¿Estás mal?　　**B**: Sí, tengo **un poco de** frío. Creo que tengo **un poco de** fiebre.
　　　　　　　　　　　　　　　　　　　B: Sí, tengo **mucho** frío. Creo que tengo **mucha** fiebre.

8 B 音声を聞いて発音し、例文の意味と文法的なポイントを先生と確認しましょう。Escucha y repite. Observa los ejemplos y comprueba el significado y la gramática con el/la profesor/a.

estarを使う表現

| Estoy bien. / Estoy mal. | Estoy enfermo. | Estoy resfriado. | Estoy cansado. | Estoy ocupado. |
| Estoy triste. | Estoy contento. | Estoy nervioso. | Estoy enfadado. / Estoy enojado. | |

9

例　A：¿Qué te pasa?

Francisco: Estoy **muy** cansado. 　　　　**Sofía**: Estoy **muy** cansada.

Francisco: Estoy **un poco** cansado. 　　**Sofía**: Estoy **un poco** cansada.

A：¿Qué os pasa?

Pedro y Juan: Estamos **muy** cansados. 　　**Ana y Sofía**: Estamos **muy** cansadas.

Pedro y Juan: Estamos **un poco** cansados. 　**Ana y Sofía**: Estamos **un poco** cansadas.

3 mucho, poco ＋名詞　Mucho, poco + sustantivo

10 音声を聞いて発音し、例文の意味と文法的なポイントを先生と確認しましょう。

Escucha y repite. Observa los ejemplos y comprueba el significado y la gramática con el/la profesor/a.

例　**mucho** dinero　　**muchos** niños　　**mucha** gente　　**muchas** personas

　　poco dinero　　**pocos** niños　　**poca** gente　　**pocas** personas

persona 人
gente 人々

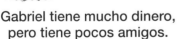

Gabriel tiene mucho dinero, pero tiene pocos amigos.

Micaela tiene poco dinero, pero tiene muchos amigos.

pocoは否定的な意味で使うよ。例えばHay poca gente. Hay pocas personas.というと、「人が少ししかない」というニュアンスなので気を付けてね。

4 不定・否定代名詞 algo, nada, alguien, nadie　Pronombres indefinidos y negativos

11 音声を聞いて発音し、例文の意味と文法的なポイントを考え、先生と確認しましょう。

Escucha, repite, piensa en el significado y la gramática de estas frases y comprueba con el/la profesor/a.

例　A：¿Quieres tomar algo?　　B：No, no quiero nada. Gracias.

　　A：¿Hay alguien en casa?　　B：No, no hay nadie.

algo 何か
nada 何も～ない
alguien 誰か
nadie 誰も～ない

1 体の部分 Partes del cuerpo

🔊 12
A 音声を聞いて発音し、先生と意味を確認しましょう。Escucha, repite y comprueba el significado con el/la profesor/a.

B Aの語彙の性を先生と確認しましょう。Comprueba con el/la profesor/a el género de las palabras de A.

🔊 13
C 音声を聞いて発音し、例を参考にスペイン語で言いましょう。Escucha, repite, fíjate en el modelo y di las siguientes palabras en español.

derecho/a 右の　**izquierdo/a** 左の　**el ojo derecho** 右目　1. 右腕　　2. 左耳　　3. 右脚

2 痛みを表す動詞 doler Verbo doler

🔊 14
A 音声を聞いて発音し、先生と意味を確認しましょう。Escucha, repite y confirma el significado con el/la profesor/a.

例　**A**: ¿Qué te pasa? ¿**Te duele** algo?　　**B**: Sí, **me duele** un poco el estómago.
　　A: ¿Qué te pasa? ¿Qué **te duele?**　　**B**: **Me duelen** mucho los ojos.

🔊 15

(a mí)	me		la nariz	me		los ojos
(a ti)	te		la cabeza	te		las muelas
(a él)	le		la garganta	le		las piernas
(a nosotros)	nos	duele	la espalda	nos	duelen	las orejas
(a vosotros)	os		el estómago	os		las manos
(a ellos)	les		un brazo	les		los dientes

dolerはgustarと同じタイプの動詞だよ。

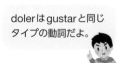

B 👥 Aの例文を使って以下の箇所が痛むと仮定してクラスメートと練習しましょう。Practica con tu compañero/a diciendo estas frases en español.

1. 頭が痛い。　　2. 喉が痛い。　　3. 背中が少し痛い。　　4. 両腕がとても痛い。

3 **否定疑問** Preguntas negativas

16 🔊 音声を聞いて発音し、日本語との意味の違いを先生と確認しましょう。Escucha, repite y confirma con el/la profesor/a el significado y la diferencia entre el español y el japonés.

例 **A**: Estás muy mal. ¿No vas a ir al médico?   **B**: **Sí**, voy a ir.   **B**: **No**, no voy a ir.
      A: Estás muy cansada. ¿No vas a descansar?   **B**: **Sí**, voy a descansar.   **B**: **No**, no voy a descansar.

4 **体調に関する会話** Diálogos sobre el estado de salud

17 🔊 **A** Miriamが犬に詳しい友人と話しています。音声を聞いて以下の質問に答えましょう。Miriam conversa con un amigo que sabe mucho de perros. Escucha y contesta a las siguientes preguntas.

1. ¿Por qué Miriam pregunta a su amigo si sabe mucho de perros?
2. ¿La perra tiene fiebre?
3. ¿Por qué no come la perra?

> sobre... 〜について   tío おじ   según... 〜によると
> jugar 遊ぶ   mirar 見る

18 🔊 **B** 音声を聞いて発音し、以下の会話と表現の意味を先生と確認しましょう。Escucha, repite y confirma el significado con el/la profesor/a.

Paciente: Buenos días, doctora.
Doctora: Buenos días, señora. ¿Cómo se siente usted hoy?
Paciente: No me siento muy bien. Estoy cansada, pero no puedo dormir bien, y tengo sueño durante el día.
Doctora: ¿Tiene fiebre?
Paciente: Bueno, tengo un poco de fiebre y me duele la cabeza. También me duelen los hombros y la espalda.
Doctora: ¿Está tomando algún medicamento?
Paciente: Sí, estoy tomando un medicamento para el dolor de cabeza.
Doctora: Creo que usted está resfriada, pero primero vamos a hacer una prueba de Covid-19. ¿De acuerdo?
Paciente: Sí, me parece bien.

> durante... 〜の間   medicamento 薬
> primero まず   prueba 検査
> ¿De acuerdo? いいですか?

19 🔊 **C** 患者が若い人だった場合、**B** の会話がどう変わるか考え、音声で確認しましょう。Piensa con tu compañero/a cómo sería la conversación anterior si la paciente fuera una persona más joven que la doctora. Comprueba con el/la profesor/a.

D 👥 この課の表現や会話文を参考に、クラスメートと会話文を作りましょう。以下の要素を含めてください。できたら会話練習をしましょう。Escribe un diálogo con tu compañero/a utilizando las expresiones y diálogos de esta unidad. Tienes que incluir los siguientes elementos. Luego practica el diálogo con tu compañero/a.

A: 体調が悪そうな友人に様子を尋ねる。
B: 体調（悪いところなど）について答える。
A: 痛いところを聞く。   **B**: 痛みについて答える。
A: 何か薬を飲んでいるか聞く。   **B**: それについて答える。
A, B: 最終的に何をするかについて話す。

スペインの保険制度 Sistema de salud en España

A スペイン語には英語と対応関係がある語彙がたくさんあります。以下の英語に相当する語彙を下のテキストから探し、スペルの違い、読み方の違いについて、考察し、英語と意味が一致しているか確認しましょう。

En español hay muchas palabras que coinciden con términos en inglés. Busca en el texto de B las palabras que coinciden con los siguientes términos en inglés. Piensa en las diferencias de escritura y de pronunciación y comprueba si tienen el mismo significado.

national	system	public	attention	considered	medicine
————	————	————	————	————	————
access	actually	majority	difficulty	specialized	private
————	————	————	————	————	————

20 **B** 音声を聞いて発音し、次に意味を予想しながら読みましょう。知らない単語や表現は辞書で調べてかまいません。 Escucha y repite. Lee el siguiente texto y trata de comprender. Puedes buscar en el diccionario las palabras o expresiones que no conozcas.

España es uno de los países con mayor esperanza de vida en el mundo, junto con Japón, Suiza, Corea del Sur, Singapur y otros.

El sistema nacional de salud español está considerado como uno de los mejores del mundo.

Todos los ciudadanos españoles y los extranjeros residentes en España pueden recibir la atención médica pública. Las consultas, el acceso a urgencias y los medicamentos son gratuitos, por eso actualmente la mayoría de las personas usa este sistema. Pero hay dificultades también, porque a menudo la gente tiene que esperar mucho tiempo para recibir la atención especializada.

En España también hay sistemas privados, y muchos los utilizan porque, en general, no hay que esperar tanto tiempo, y pueden incluir la atención dental y la óptica, que no están incluidas en el sistema público.

1. ¿Es larga la esperanza de vida en España?
2. ¿Es bueno el sistema nacional de salud en España?
3. ¿Pueden utilizar el sistema nacional de salud los extranjeros que viven en España?
4. ¿Son caros los medicamentos en España con el sistema nacional de salud?
5. ¿Existen sistemas de salud privados?
6. ¿Cuál es la diferencia entre el sistema nacional y el sistema privado?

課のまとめと応用　　Repaso final

21 **A** 音声を聞いて答えましょう。 Escucha y contesta a las siguientes preguntas.

1. ¿Qué enfermedad tiene Diego?
2. ¿Cómo es su enfermedad?
3. ¿Con quién va a volver Diego a la residencia?

enfermedad 病気　residencia 寮

22 **B** 音声の質問に答えましょう。（5問）Contesta a las preguntas del audio.

23 **C** 音声の文が答えになる疑問文を言いましょう。（3問）Di las preguntas para las frases del audio.

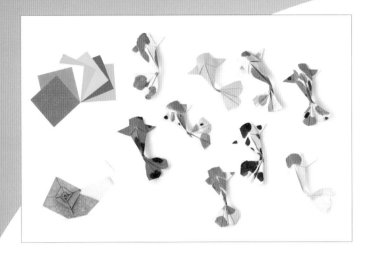

第12章   聞いて考えよう

Javierの家族が日本に来ることになって、初めて会ったんだ。どう言うのかわからないところはスマホで写真を見せて "Esto, esto." とか "¡Eso!" とか言って話をつないだよ。誤解もしていたと思うけど、何を言ってるか結構わかったよ。

ヒント

mía < mío 私の   tuya < tuyo 君の   mayor 年上の
menor 年下の   desde pequeña 小さい頃から
pasar 過ごす   cumpleaños 誕生日
¡No me digas! ええっ? そうなの?!
regalar プレゼントする   abrigo コート
se lo doy 彼女にそれをあげる   regalo プレゼント
seguramente きっと~だろう

1 A 音声を聞きましょう。Escucha el audio.

B 音声を止めながら発音練習をしましょう。
Vuelve a escuchar y repite deteniendo el audio.

C 右のヒントを参考に、音声の内容の意味を予想しましょう。
Vuelve a escuchar e intenta comprender el significado mirando el vocabulario.

D もう一度音声を聞き、以下の質問に答えましょう。
Vuelve a escuchar el audio y contesta a las siguientes preguntas.

1. ¿Cuándo viene a Japón la hermana de Javier?
2. ¿Irene es la hermana mayor o menor de Javier?
3. ¿Cuándo es el cumpleaños de Irene?
4. ¿Qué le gusta a Irene?

音読して練習しよう

2 A 音声を思い出しながら練習帳のスクリプトを音読しましょう。Practica la lectura del texto en el cuaderno de ejercicios.

B 🏋 音声を聞いて発音し、例を参考に右の表現を使って複数のクラスメートと話しましょう。
Escucha y repite. Luego practica con tus compañeros usando el modelo y el vocabulario.

例   **A**: ¿Tienes hermanos?   **B**: Sí, tengo un hermano.
     A: ¿Quién es mayor, tú o tu hermano?   **B**: Mi hermano es mayor que yo.
                                      B: Yo soy mayor que mi hermano.
     A: ¿Cuántos años es mayor que tú?   **B**: Es tres años mayor que yo.

mayor 年上の

この課の目標

コミュニケーション：年齢差をたずねたり、伝えたりすることができる。簡単な買い物の会話ができる。日常的に使用するものの簡単な描写ややりとりの会話ができる。

文法：間接目的人称代名詞が使える。形容詞の比較級が使える。所有詞後置形が使える。

語彙・表現：日常で使うもの服・もの、色を表現できる。1000~100万単位の数を理解し、使える。

1 間接目的人称代名詞 Pronombres personales de objeto indirecto

3 A 音声を聞いて発音し、例文の意味と下線部が何を指すかを、先生と確認しましょう。Escucha y repite. Luego piensa en el significado de estas frases y qué significan las partes en rojo. Comprueba con el/la profesor/a.

> 例 A: ¿Qué **le** compras a tu hijo?　　　B: **Le** compro este libro.
>
> 　　A: ¿Qué **les** compras a tus hijos?　　B: **Les** compro estos dulces.

> この形は gustar や doler の
> ところでもう知っているよね。
> でもスムーズに使えるように
> なるまではかなり練習が必要
> だよ。よく使う動詞とセット
> で練習しよう。

4 B 以下はスペイン語の間接目的人称代名詞です。音声を聞いて発音し、表の内容を確認し、言えるようにしましょう。Escucha y repite. Observa y aprende los pronombres objeto indirecto.

私に	me	私達に	nos
君に	te	君達に	os
彼に、彼女に、あなたに、それに	le	彼らに、彼女らに、あなた方に、それらに	les

5 C 音声を聞いて発音し、以下の動詞の意味を調べ、原形と yo の形を覚えましょう。
Escucha, repite y averigua el significado de estos verbos. Luego aprende la forma.

prestar	regalar	dar	recomendar	pedir	decir	llevar	traer
yo **presto**	yo **regalo**	yo **doy**	yo **recomiendo**	yo **pido**	yo **digo**	yo **llevo**	yo **traigo**

6 D 活用を聞いて発音し、その後口頭で活用して先生にチェックしてもらいましょう。
Escucha y repite. Luego conjuga estos verbos oralmente y comprueba con el/la profesor/a.

E 練習帳で補足の練習をしましょう。Practica en el cuaderno de ejercicios.

> ここは難しいから段階的に
> 確認しよう。

CHECK!
練習帳

7 F 例を確認し、音声を聞いて例に従って Sí を使って答えましょう。次に同じことを No を使って行いましょう。
Escucha y contesta con "sí" y con "no" siguiendo el modelo.

> 例 A: ¿Me das este libro?　　B: Sí, te doy este libro.　　B: No, no te doy este libro.

1.　　　　2.　　　　3.　　　　4.　　　　5.

8 G 音声を聞いて発音し、例文の意味と下線部が何を指すかを、先生と確認しましょう。Escucha y repite. Luego piensa en el significado de estas frases y qué significan las partes en rojo. Comprueba con el/la profesor/a.

> 例 A: ¿Mamá, ¿me compras esa bicicleta?　　B: Sí, **te la** compro.
>
> 　　A: ¿Le compras ese libro a tu hijo?　　B: Sí, **se lo** compro.
>
> 　　A: ¿Les compras esos dulces a tus hijos?　B: Sí, **se los** compro.

> ここでもまずフレーズを何度も聞い
> て発音して、最初に意味と語順をし
> っかりつかんでおくことが大切だ
> よ。練習帳に補足があるよ。

9 H 音声を聞いて例に従って Sí を使って答えましょう。次に同じことを No を使って行いましょう。
Escucha y contesta con "sí" y con "no" siguiendo el modelo.

> 例 A: ¿Me das este libro?　　B: Sí, te lo doy.　　B: No, no te lo doy.

> 動詞の原形と使う場合
> はどうなるかな。練習
> 帳に補足があるよ。

1.　　　　2.　　　　3.　　　　4.　　　　5.

CHECK!
練習帳

2 形容詞の比較 Comparativo de adjetivos

10 A 音声を聞いて発音し、文の意味を予想して先生と確認しましょう。
Escucha y repite. Luego piensa en el significado de estas frases. Comprueba con el/la profesor/a.

例　Alejandro, Pedro, Raúl y Guillermo son altos y gordos.

Pero, Alejandro es **más** alto **que** Pedro.
Raúl es **tan** gordo **como** Guillermo, pero
Alejandro es **menos** gordo **que** Pedro, Raúl y Guillermo.

Pedro **no** es **tan** alto **como** Alejandro, Raúl y Guillermo.

Alejandro y Pedro
35 años　38 años

Raúl y Guillermo
27 años　29años

比較級は意味と使い方を理解
したら、いろいろなパターンを
練習してみよう。練習帳に補足
があるよ。

11 B 音声を聞いて発音し、文の意味を予想して先生と確認しましょう。
Escucha y repite. Luego piensa en el significado de estas frases. Comprueba con el/la profesor/a.

例　Raúl y Guillermo son hermanos. Guillermo es **mayor que** Raúl. Alejandro y Pedro son
hermanos también. Alejandro es **menor que** Pedro.
Raúl y Guillermo son buenos para el béisbol. Pero Guillermo es **mejor que** Raúl.
Alejandro y Pedro son malos para el béisbol. Pero Pedro es **peor que** Alejandro.

3 所有詞後置形 Adjetivos y pronombres posesivos

12 A 以下は「私の」など、所有を表す形容詞です。音声を聞いて発音し語順や形の変化を確認しましょう。Escucha
y repite. Mira las tablas y observa el orden de las palabras y los cambios de género y número de los posesivos.

所有者	単数	複数	所有者	単数	複数
yo	hijo **mío**	hijos **míos**	nosotros/nosotras	hijo **nuestro**	hijos **nuestros**
tú	hijo **tuyo**	hijos **tuyos**	vosotros/vosotras	hijo **vuestro**	hijos **vuestros**
él, ella, usted	hijo **suyo**	hijos **suyos**	ellos, ellas, ustedes	hijo **suyo**	hijos **suyos**

所有者	単数	複数	所有者	単数	複数
yo	hija **mía**	hijas **mías**	nosotros/nosotras	hija **nuestra**	hijas **nuestras**
tú	hija **tuya**	hijas **tuyas**	vosotros/vosotras	hija **vuestra**	hijas **vuestras**
él, ella, usted	hija **suya**	hijas **suyas**	ellos, ellas, ustedes	hija **suya**	hijas **suyas**

B 例を参考にスペイン語にしましょう。Escribe siguiendo el modelo.

例　(yo, libro) → mi libro → un libro mío

1. (tú, diccionario)　　2. (ella, gata)　　　　3. (nosotros, amiga)　　4. (usted, perros)
5. (yo, mochilas)　　　6. (vosotras, maestro)　7. (nosotros, compañera)　8. (ustedes, profesora)

1 日常で使う服・もの Ropa y artículos de uso diario

13 A 音声を聞いて発音し、先生と意味を確認しましょう。Escucha, repite y luego comprueba el significado de las palabras con el/la profesor/a.

reloj	cartera	bolso	corbata	pañuelo
guantes	gafas	sombrero	gorra	pendientes
camiseta	camisa	pantalones	zapatos	falda
chaqueta	abrigo	traje	medias / calcetines	cinturón

B Aの語彙の性や数を先生と確認しましょう。

Comprueba el género y número de las palabras de A con el/la profesor/a.

2 色 Colores

14 音声を聞いて発音し、次に写真の単語を音声と同じように言えるようにし、クラスメートとチェックしましょう。

Escucha y repite. Luego lee y aprende estas palabras y comprueba con tu compañero/a si coinciden con el audio

blanco · naranja · azul · negro · rojo · verde · marrón · gris · rosado / rosa · amarillo

3 大きな数 Números grandes

15 A 音声を聞いて発音しましょう。Escucha y repite.

| 1000 mil | 1900 mil novecientos | 2000 dos mil | 4000 cuatro mil | 10 000 diez mil |
| 15 000 quince mil | 100 000 cien mil | 1 000 000 un millón | 3 000 000 tres millones |

16 B 聞いた数を算用数字で記入しましょう。Escucha y escribe los números.

a._____ b._____ c._____ d._____ e._____ f._____ g._____ h._____

4 買い物 Compras

17 A 🔊 🏃 音声を聞いて発音し、クラスメートと以下の商品の値段をたずねて答える練習をしましょう。Escucha y repite.
Practica con tu compañero/a las preguntas y respuestas sobre el precio de los productos siguiendo el modelo.

例 **A**: ¿Cuánto cuesta esta corbata azul? **B**: Cuesta mil doscientos yenes. **A**: ¡Qué barata!
A: ¿Cuánto cuestan estos calcetines verdes? **B**: Cuestan tres mil yenes. **A**: ¡Qué caros!
A: ¿Cuánto cuesta este reloj de Suiza? **B**: Un millón de yenes. **A**: ¡No está mal! Me lo compro.

1. (pañuelo, ¥1500)
2. (pendientes amarillos, ¥3890)
3. (moto, ¥2 500 000)

> cuesta < costar 値段が〜である
> barato/a 安い　caro/a 高い

18 B 🔊 服が足りないDiegoはKenと一緒に福袋を買いに行きました。音声を聞いて以下の質問に答えましょう。最終的に得をしたのはどちらだと思いますか。
Diego necesitaba ropa, y fue con Ken a comprar un *Fukubukuro*. Escucha el diálogo y contesta a las preguntas. Luego di quién de los dos crees que se benefició más.

1. ¿Quién tiene más pantalones?
2. ¿Quién crees que es más grande, Ken o Diego?
3. ¿Qué color no le gusta a Ken?

得した方：

> pienso < pensar 思う　cambio < cambiar 取り替える　ropa 服　color 色

19 C 🔊 音声を聞いて発音し、意味を確認しましょう。Escucha y repite. Luego comprueba el significado.

Nana: ¿Puedes prestarme el *yukata* tuyo para *Tanabata*?
Karin: Lo siento, yo me lo voy a poner el 7 de julio.
¿Por qué no vamos a comprar uno? Yo te lo regalo para tu cumpleaños.

(En la tienda)
Nana: Son todos muy bonitos. ¿Cuál me recomiendas?
Karin: ¡Qué te parece este?
Nana: El diseño me gusta, pero el color...
Karin: Vamos a preguntar al empleado. Disculpe, ¿tiene este modelo en otro color?
Empleado: Sí, ¿de qué color lo quiere?
Karin: ¿Qué dices, Nana?
Nana: Lo quiero azul.
Empleado: ¿De qué talla lo quiere?
Nana: Talla "S".
Karin: ¿Cuánto cuesta?
Empleado: Tres mil quinientos yenes.
Karin: Bien. Me lo llevo...

> diseño デザイン　disculpe すみません　modelo 型
> talla サイズ

D Cの会話を参考にクラスメートと会話文を作りましょう。以下の要素を入れてください。
Haz un diálogo con tu compañero/a siguiendo el modelo de C. Intenta incluir los siguientes elementos.

> KenがDiegoとTシャツを買いに行く。DiegoがKenに黒いTシャツを一枚すすめる。
> Kenはそのシャツの色は好きだけれどデザインはあまり好きでない。店員に同じ色で違うデザインのものを聞く。
> サイズはLである。金額を尋ねる。そのTシャツを購入してDiegoがKenに誕生日プレゼントとしてあげる。

スペイン語圏の人々の日本観光 ¿Qué les atrae a los hispanohablantes sobre Japón?

20 日本でスペイン語の観光ガイドをしていた Teresa さんにスペイン語圏の観光客について話を聞きました。音声を聞いて発音した後、テキストを読んで質問に答えましょう。Teresa, una guía turística en Japón, habla sobre los turistas hispanohablantes. Escucha y repite. Luego lee el texto y contesta a las preguntas.

A los hispanohablantes les atraen los lugares turísticos más conocidos, como Tokio, Osaka, Kioto, Nara o Hiroshima. Visitan los templos y los jardines famosos de día, y de noche salen a ver las calles iluminadas y los barrios de diversión. Todos quieren ver el monte Fuji o pasear por algún bosque de bambú. Otros quieren ver alguna fiesta tradicional.

Pero muchos turistas no solo quieren ver sino también experimentar cosas que no existen en su país. Por ejemplo, viajar en el *shinkansen*, comer *sushi* en un *kaiten*. bañarse en un *onsen*, dormir en un hotel cápsula, o ponerse un kimono.

Hay muchos *otaku* del mundo hispano que vienen a hacer "turismo *anime*", visitar Nakano Broadway, Akihabara, etc., y visitar lugares relacionados con *anime*, manga y *cosplay*.

> **atraer** ひきつける   **jardín** 庭
> **calles iluminadas** （照明のある）
>   通り・街
> **barrio de diversión** 繁華街
> **bambú** 竹
> **no solo ~ sino también...**
>   ～だけでなく...も
> **experimentar** 体験する
> **existir** 存在する
> **relacionado con...** ～と関係のある

1. ¿Qué ciudades les gusta visitar a los hispanohablantes?
2. ¿Qué lugares les atraen para visitar de día?
3. ¿Qué quieren ver todos?
4. ¿Qué quieren experimentar muchos turistas?

課のまとめと応用   Repaso final

21 **A** Javier が Diego に東京から関西への交通手段について質問します。Diego が思うそれぞれの交通手段のメリットとデメリットを書き、Javier がどの交通手段を選ぶと思うか言いましょう。Escucha el audio y escribe las ventajas y las desventajas que piensa Diego sobre los siguientes medios de transporte. Piensa qué medio de transporte elegirá Javier.

En tren (*shinkansen*)	En autobús	En avión

> **lo mismo** 同じ
> **cómodo/a** 快適
> **caminar** 歩く
> **aeropuerto** 空港
> **vacaciones** 休暇

22 **B** 音声の質問に答えましょう。（5問）Contesta a las preguntas del audio.

23 **C** 音声の文が答えになる疑問文を言いましょう。（3問）Di las preguntas para las frases del audio.

Javier me ha hablado mucho de vosotros.

第13章 聞いて考えよう

スペイン語を勉強するようになって、面白いからスマホの設定言語をスペイン語にしてみたよ。自分がよく使うカレンダー機能のスペイン語は覚えられたと思うな。

ヒント

ha hablado < hablar 話した
hablar de... ～について話す
segunda < segundo 二番目の
¿no es así? そうじゃない？
es cierto その通りです。
he estado < estar   he visitado < visitar
has hecho < hacer   has subido < subir
he comido < comer
¿Te han gustado? 気に入った？   viaje 旅
probar 試す   otras < otro 別の
a propósito ところで   sobre... ～について

1 A 音声を聞きましょう。Escucha el audio.

B 音声を止めながら発音練習をしましょう。
Vuelve a escuchar y repite deteniendo el audio.

C 右のヒントを参考に、音声の内容の意味を予想しましょう。
Vuelve a escuchar e intenta comprender el significado mirando el vocabulario.

D もう一度音声を聞き、以下の質問に答えましょう。Vuelve a escuchar el audio y contesta a las siguientes preguntas.

1. ¿En qué lugares de Japón ha estado Irene?
2. ¿Ha subido Irene al monte Fuji?
3. ¿Le gusta la comida japonesa a Irene?
4. ¿Qué quiere hacer en Japón Irene?

音読して練習しよう

2 A 音声を思い出しながら練習帳のスクリプトを音読しましょう。Practica la lectura del texto en el cuaderno de ejercicios.

B 🏃 音声を聞いて発音し、例を参考に右の表現を使ってクラスメートと話しましょう。
Escucha y repite. Luego practica con tu compañero/a usando este modelo y el vocabulario.

例 **A**: ¿Has estado alguna vez en Tokyo Disneyland?

B: Sí, he estado una vez.
B: Sí, he estado tres veces.
B: Sí, he estado muchas veces.
B: No, nunca he estado.

Estados Unidos	Skytree de Tokio
las dunas de Tottori	algún país extranjero

この課の目標

コミュニケーション：その日や直近の過去に行ったことについて語ったり尋ねたりできる。物の状態を表現できる。

文法：過去分詞と現在完了活用の活用ができて文脈の中で使うことができる。

語彙・表現：序数、日付、果物の表現を使うことができる。

読みと発音：アクセント記号がない単語のアクセントの位置を理解して読むことができる。

1 現在完了と過去分詞 Pretérito perfecto compuesto y participio

A 音声を聞いて発音し、例文の意味を考え、先生と確認しましょう。 Escucha y repite. Luego piensa en el significado de los ejemplos y comprueba con el/la profesor/a.

例 **A**: ¿Has cenado ya?　　　　　　**B**: Sí. Ya he cenado.　**B**: No, no he cenado todavía.

A: ¿Has probado alguna vez el *Sokisoba* de Okinawa?　**B**: Sí, lo he probado una vez.

B: No, no lo he probado nunca.

A: ¿Qué has hecho esta mañana?　**B**: Esta mañana he trabajado en la oficina.

> ya もう
> todavía まだ

> 現在完了は完了、経験、継続などの意味がある。スペインでは「今日」「今年」など現在と関係する時の表現と一緒によく使われるよ。

B 音声を聞いて発音し、現在完了形の活用を覚えましょう。 Escucha, repite y aprende la conjugación.

hablar	
yo **he hablado**	nosotros **hemos hablado**
tú **has hablado**	vosotros **habéis hablado**
él **ha hablado**	ellos **han hablado**

> 現在完了形は英語では"have+過去分詞"で言うね。英語を知っていると文法や意味は理解しやすいけど、聞くのは難しい傾向にあるから、フレーズ単位でナチュラルスピードのものをたくさん聞いて練習しよう。

C 音声を聞いて発音し、規則動詞の過去分詞の作り方を覚えましょう。 Escucha, repite y aprende cómo se forma el participio de los verbos regulares.

trabajar → **trabajado**　estudiar → **estudiado**　visitar → **visitado**
comer → **comido**　aprender → **aprendido**　comprender → **comprendido**
vivir → **vivido**　salir → **salido**　subir → **subido**

D 音声を聞いて発音し、意味を言いましょう。 Escucha, repite y dilo en japonés.

1.　　2.　　3.　　4.　　5.　　6.　　7.　　8.

E 音声を聞いて活用を言いましょう。 Escucha y di la forma que corresponde del verbo.

例 (hablar, yo) → yo he hablado

1.　　2.　　3.　　4.　　5.　　6.　　7.　　8.

> he comidoなどはhを発音して覚えないように気を付けよう。

F 音声を聞いて発音し、以下の動詞の過去分詞を覚えましょう。 Escucha, repite y aprende el participio de los siguientes verbos.

abrir → **abierto** escribir → **escrito** hacer → **hecho** decir → **dicho**
ver → **visto** poner → **puesto** romper → **roto** morir → **muerto** volver → **vuelto**

> romper 壊す
> morir 死ぬ

G 音声を聞いて発音し、意味を言いましょう。 Escucha y dilo en japonés.

1.　　2.　　3.　　4.　　5.　　6.　　7.　　8.

H 音声を聞いて発音し、意味を先生と確認しましょう。次に目的語の代名詞がどの位置に入るかを確認し、フレーズを繰り返し発音しましょう。 Escucha, repite y comprueba el significado con el/la profesor/a. Luego fíjate dónde se ubica el pronombre del objeto y practica repitiendo las frases.

例 **A**: ¿Has terminado ya los deberes?　　　　**B**: Sí, ya **los** he terminado.

A: ¿Ya le has enviado el mensaje al profesor?　**B**: Sí, ya **se lo** he enviado.

> terminar 終える
> enviar 送る

11 音声を聞いて例に従ってSíを使って答えましょう。次に同じことをNo使って行いましょう。Escucha y contesta a las preguntas de forma afirmativa y negativa, como en el ejemplo.

例　**A**: ¿Has leído ya este libro?　　**B**: Sí, lo he leído ya.
　　　　　　　　　　　　　　　　　　B: No, no lo he leído todavía.

代名動詞の現在完了形の補足が練習帳にあるよ。

1.　　　　　2.　　　　　3.　　　　　4.　　　　　5.

CHECK! 練習帳

2 estar ＋過去分詞 Estar + participio

12 **A** 音声を聞いて発音し、意味を先生と確認しましょう。Escucha y repite. Luego comprueba el significado con el/la profesor/a.

Está abierto 24 horas.	Está cerrado.	Está hecho en Chile.	El mensaje está escrito en coreano.

13 **B** 音声を聞いて発音し、意味と文法のポイントを先生と確認しましょう。Escucha y repite. Luego comprueba la gramática y el significado con el/la profesor/a.

例　**A**: ¿Podemos comer ya?　　　　　　　　　　**B**: Sí, la comida ya está preparad**a**.
　　A: ¿Está abierta la tienda a las nueve?　　　　**B**: Sí, a esa hora ya está abiert**a**.
　　A: Voy al banco.　　　　　　　　　　　　　**B**: Son las cuatro, los bancos ya están cerrad**os**.
　　A: ¿Estos productos son de Japón?　　　　　　**B**: No. Están hech**os** en China.
　　A: ¿Puedo usar el baño?　　　　　　　　　　**B**: No. Ahora está ocupad**o**.

Acento y tilde ① ◀ アクセントと記号 ①

　この本ではアクセントの規則については、ある程度読み方の感覚がつかめてきてから考えることを奨励しています。今まで出てきた単語や動詞の活用形などを使って規則性を確認しましょう。
　①〜③の規則に従っている場合はアクセント記号は原則的には付けません。

14 ① 母音で終わる単語　　後ろから二番目の母音を強く発音する

mayo　　enero　　verano　　primavera　　restaurante

15 ② -n, -sで終わる単語　　後ろから二番目の母音を強く発音する

polen　　examen　　joven　　Honduras　　lunes　　martes

16 ③ -n, -s以外の子音で終わる単語　　最後の母音を強く発音する

hotel　　español　　universidad　　favor　　humor　　internet

1 序数 Números ordinales

17 A 音声を聞いて発音しましょう。Escucha y repite.

18 B 例を参考にスペイン語で順番を言いましょう。
Di lo siguiente en español siguiendo el modelo.

9	noveno	**9**	**10**	10 décimo
7	séptimo	**7**	**8**	8 octavo
5	quinto	**5**	**6**	6 sexto
3	tercero	**3**	**4**	4 cuarto
1	primero	**1**	**2**	2 segundo

例　el primer piso*　　la primera planta**
　　el segundo piso　　la segunda planta
　　el tercer piso　　la tercera planta
　　el cuarto piso　　la cuarta planta
　　el quinto piso　　la quinta planta

*階 **階

a. 9階　　　b. 6回目　　　c. 7日目
d. 4週間目　e. 2か月目　　f. 3年目

開　閉

> 1番目と3番目だけ、後ろに男性名詞単数が来るとprimero → primer, tercero → tercerとoが抜けるよ。

2 日付 Fecha

19 A 音声を聞いて発音し、意味を調べて先生と確認しましょう。Escucha, repite, averigua el significado y comprueba con el/la profesor/a.

fecha　　cumpleaños　　festivo / feriado　　aniversario　　día de la independencia

20 例　**A**: ¿Cuándo es tu cumpleaños?　　**B**: Es **el** 25 **de** noviembre.
　　A: ¿Cuál es la fecha del examen?　　**B**: Es **el** cinco **de** diciembre.

B クラスメートと**A**の例に倣って以下の日付について質問しあいましょう。Haz preguntas sobre estas fechas siguiendo el modelo de **A**.

1. cumpleaños　　2. el próximo día festivo / feriado　　3. Día del Mar　　4. Día de la Madre
5. Navidad　　6. Nochevieja　　7. Día de la Independencia de México　　8. Año Nuevo

9月16日

3 経験を尋ねる Preguntar sobre experiencia

音声を聞いて発音し、覚えましょう。続いて、例文の音声を聞いて発音し、先生と意味を確認したあと、クラスメートと例に倣って質問しあいましょう。Escucha, repite y aprende. Luego escucha y repite el modelo, comprueba el significado con el/la profesor/a y practica con tu compañero/a, siguiendo el modelo.

21

manzana	naranja	uvas	fresa / frutilla	mandarina	pera

22

例　A: ¿Has probado **alguna vez** plátanos verdes?　　B: Sí, **una vez**.

B: No. Dicen que* son buenos, pero **nunca** los he
probado.　　　　　　　*dicen que... 〜と言われている

B: No, **no** los he comido **nunca**.

B: Sí, los he comido **varias veces**.

　　　A: ¿Te han gustado?　　　　　　B: Sí, me han gustado mucho.

B: La verdad es que no me han gustado mucho.

1. uvas *Shine Muscat*　　2. peras *la France*　　3. manzanas *Toki*　　4. mandarinas de Perú

4 今日したこと ¿Qué ha hecho hoy?

23

大学から帰ってきた Javier が Irene に質問します。音声を聞いて以下
の質問に答えましょう。Javier ha vuelto de la universidad y le pregunta a Irene
qué ha hecho hoy. Escucha y contesta a las preguntas.

1. ¿Por qué Irene no ha hecho muchas cosas hoy?
2. ¿Por qué Irene se siente cansada?
3. ¿Qué ha hecho Irene antes de volver a casa?
4. ¿Qué ha hecho Irene después de volver a casa?

ensalada サラダ
agradable 心地よい

5 直近の休みにしたこと ¿Qué has hecho en las últimas vacaciones?

👥 以下の語彙や表現を使ってあなたが直近の休み（夏休み・冬休み・春休み）に行ったことについて作文
し、クラスメートと質問をしあいましょう。Escribe lo que has hecho en las últimas vacaciones (de verano, de invierno
o de primavera) usando los siguientes elementos y luego haz preguntas a tu compañero/a.

¿Cuándo?	estas vacaciones de verano, invierno, primavera...
¿Cuántos días?	un día, cinco días, una semana, un mes....
¿Dónde?	en casa, en casa de mis padres, en Shizuoka....
¿Con quién?	con mis hermanos, con los compañeros/as del club, solo/a...
¿Qué has hecho?	viajar, limpiar la casa, trabajar por horas, jugar un partido, visitar, ir al cine, hacer actividades voluntarias, ir de compras, descansar, salir con amigos, hacer los deberes, volver a casa de los padres, visitar a los abuelos, probar comidas, cocinar
¿En qué orden?	Primero, segundo... después, luego, por último....
¿Cómo lo has pasado?	(muy) bien, (muy) mal, terrible, estupendo...

スペイン語圏からの輸入品 Productos importados del mundo hispano

A 日本はスペイン語圏から多くのものを輸入しています。以下の農産物はどこから来ているか予想してみましょう。 Japón importa muchos productos de los países del mundo hispano. Adivina de qué países vienen estos productos.

Chile   Ecuador   México   España   Paraguay   Bolivia   Perú   Venezuela

ajo   pimentón / páprika   palta / aguacate   plátano / banana   sésamo

24 🔊 B 音声を聞いて発音した後、テキストを読んで質問に答えましょう。知らない単語はネットで調べ、画像を見ましょう。 Escucha y repite. Luego lee el texto y contesta a las preguntas. Averigua las palabras que no conoces, buscando las imágenes en la web.

En muchos supermercados y tiendas de Japón podemos encontrar productos importados del mundo hispano, como los vinos de España, Chile y Argentina, el café de Colombia o de Guatemala, y el tequila de México. También son famosos en Japón el jamón ibérico y el aceite de oliva de España, la miel de Argentina, o el salmón de Chile. Pero muchos no saben que Japón importa flores de Colombia, en especial claveles, crisantemos, rosas, calas y hortensias. Colombia es el primer país exportador de claveles del mundo, y Japón es uno de los principales importadores de esta flor.

1. ¿Qué países del mundo hispano exportan vinos a Japón?
2. ¿De dónde es el jamón ibérico?
3. ¿De qué país de Sudamérica importa miel Japón?
4. ¿Qué exporta Colombia a Japón, además de café?

課のまとめと応用 Repaso final

25 🔊 A 音声を聞いて答えましょう。 Escucha el audio y contesta a las siguientes preguntas.

1. ¿Puede Diego comer arroz con curry de cerdo? ¿Por qué?
2. ¿Cuál tiene más sabor, la comida mexicana o la comida japonesa?
3. ¿De qué está hecho *ichigodaifuku*?
4. Diego se sorprende al saber de qué está hecho *ichigodaifuku*. ¿Por qué?

curry カレー sabor 味
bola 玉 pasta ペースト
idea 考え frijol 豆

26 🔊 B 音声の質問に答えましょう。（5問） Contesta a las preguntas del audio.

27 🔊 C 音声の文が答えになる疑問文を言いましょう。（3問） Di las preguntas para las frases del audio.

Compré muchos recuerdos para mi familia.

第14章　聞いて考えよう

過去形を覚えると、「昨日はどこに行ったの？」とか聞けるから話の幅が広がるよね。でも、スペイン語の過去形は現在形と全然違う活用もあって難しく感じたのを覚えているよ。

ヒント

típico/a 典型的な　fui < ir　visité < visitar
vi < ver　diseño デザイン　increíble 信じられない
compré < comprar　tipo タイプ　papel 紙
fuiste < ir　muchísimas < mucho
el otro día 先日　llevaron < llevar
zona 地区　recuerdo お土産
sacaste < sacar 取る　tomé < tomar
la mayoría 大部分
tapas de las alcantarillas マンホールの蓋
maravilloso/a 素晴らしい

1 **A** 音声を聞きましょう。Escucha el audio.

B 音声を止めながら発音練習をしましょう。
Vuelve a escuchar y repite deteniendo el audio.

C 右のヒントを参考に、音声の内容の意味を予想しましょう。
Vuelve a escuchar e intenta comprender el significado mirando el vocabulario.

D もう一度音声を聞き、以下の質問に答えましょう。Vuelve a escuchar el audio y contesta a las siguientes preguntas.

1. ¿A dónde fue Irene primero?
2. ¿Qué compró Irene?
3. ¿Irene visitó Yanesen con Javier?
4. ¿Irene tomó muchas fotos de Ameyoko y Yanesen?

音読して練習しよう

2 **A** 音声を思い出しながら練習帳のスクリプトを音読しましょう。Practica la lectura del texto en el cuaderno de ejercicios.

B 🏃 音声を聞いて発音し、例を参考にクラスメートと話しましょう。Escucha y repite. Luego practica con tus compañeros usando el modelo.

例　**A**: ¿Estudiaste español ayer?　**B**: Sí, estudié español ayer.
　　　　　　　　　　　　　　　　　B: No, no estudié español ayer.
　　A: ¿Trabajaste ayer?　　　　**B**: Sí, trabajé dos horas.　**B**: No, no trabajé.
　　A: ¿Viste las noticias ayer?　**B**: Sí, vi las noticias.　**B**: No, no vi las noticias ayer.

ayer 昨日
noticias ニュース

この課の目標

コミュニケーション：過去に行ったことについて話せる。過去に行ったことについて印象や好みが表現できる。

文法：点過去の規則活用ができる。動詞 ir, hacer, ver を点過去で活用できて文脈の中で使える。絶対最上級が文脈の中で理解できて使える。

語彙・表現：過去の時を表す表現、観光地や都市にあるものの表現を文脈の中で使うことができる。

読みと発音：強母音と弱母音の違いがわかり、どこを強く読むかを知っている単語についてはアクセント記号の付け方がわかる。

1 点過去 1　Pretérito perfecto simple 1

🔊3 **A** 音声を聞いて発音し、活用を覚えましょう。Escucha, repite y aprende la conjugación.

hablar (-ar)	
yo **hablé**	nosotros **hablamos**
tú **hablaste**	vosotros **hablasteis**
él **habló**	ellos **hablaron**

estudiar　pasar　comprar　llevar
limpiar　visitar　tomar　llegar
empezar　levantarse　acostarse

> スペイン語はどこを強く読むかがとても大切で、例えば hablo と habló はしっかり区別する必要があるよ。最初にしっかり音のイメージをつかんでから次の練習に進んでね。
> 現在形は不規則でも点過去では規則的に活用する動詞も多いよ。

🔊4 **B** 音声を聞いて発音しましょう。次に **A** のリストの全ての動詞の yo の活用形を言い、主語を変えて続けて活用し、先生にチェックしてもらいましょう。Escucha y repite. Luego di la conjugación de los verbos de A en la primera persona del singular solamente, y continúa con las otras personas por separado. Comprueba con el/la profesor/a.

> 例　yo hablé, yo estudié, yo compré... tú hablaste, tú estudiaste, tú compraste...

🔊5 **C** 音声を聞いて活用を言いましょう。Escucha y di la forma del verbo que corresponde.

> 例　(hablar, yo) → hablé

1.　　2.　　3.　　4.　　5.　　6.　　7.　　8.

🔊6 **D** 音声を聞いて発音し、活用を覚えましょう。次に -ar 動詞と活用と比較してどんな特徴があるか考え、クラスメートや先生と確認しましょう。Escucha, repite y aprende la conjugación. Compara las conjugaciones con la de A y comprueba con el/la profesor/a qué diferencia hay entre estos tres tipos de conjugación.

comer (-er)			vivir (-ir)	
yo **comí**	nosotros **comimos**		yo **viví**	nosotros **vivimos**
tú **comiste**	vosotros **comisteis**		tú **viviste**	vosotros **vivisteis**
él **comió**	ellos **comieron**		él **vivió**	ellos **vivieron**

🔊7 **E** 音声を聞いて発音しましょう。次にリストの全ての動詞の yo の活用形を言い、主語を変えて続けて活用し、先生にチェックしてもらいましょう。Escucha y repite. Luego di la conjugación de los verbos de la lista en la primera persona del singular solamente, y continúa con las otras personas por separado. Comprueba con el/la profesor/a.

> beber　aprender　volver　comprender　escribir　subir　abrir　salir

🔊8 **F** 音声を聞いて活用を言いましょう。Escucha y di la forma que corresponde del verbo.

> 例　(hablar, yo) → yo hablé

1.　　2.　　3.　　4.　　5.　　6.　　7.　　8.

🔊9 **G** 音声を聞いて発音し、活用を覚えましょう。Escucha, repite y aprende la conjugación.

ir		hacer		ver	
yo **fui**	nosotros **fuimos**	yo **hice**	nosotros **hicimos**	yo **vi**	nosotros **vimos**
tú **fuiste**	vosotros **fuisteis**	tú **hiciste**	vosotros **hicisteis**	tú **viste**	vosotros **visteis**
él **fue**	ellos **fueron**	él **hizo**	ellos **hicieron**	él **vio**	ellos **vieron**

10 **H** 音声を聞いて活用を言いましょう。Escucha y di la forma que corresponde del verbo.

> 例　(hablar, yo) → yo hablé

1.　　　2.　　　3.　　　4.　　　5.　　　6.　　　7.　　　8.

音を覚えて言えるようになっ
たら、書いてみよう。

2 過去の時を表す表現　Marcadores temporales del pasado

11 **A** 音声を聞いて発音し、意味を調べて覚えましょう。Escucha, repite y aprende la conjugación.

> ayer　anoche　anteayer　la semana pasada　el mes pasado　hace dos días
> hace una semana　hace unos años　el otro día　en 2010

12 **B** 音声を聞いて意味を言いましょう。Escucha y di el significado.

> 例　Ayer hablé con Ana. → 私は昨日アナと話した。

1.　　　2.　　　3.　　　4.　　　5.　　　6.

ここでは -ísimo とよく使う
形を幾つか覚えておこう。そ
うすると他で出てきてもすぐ
わかるよ。

3 絶対最上級　Superlativo absoluto

13 音声を聞いて発音し、意味と文法のポイントを先生と確認しましょう。
Escucha y repite. Comprueba el significado y la gramática con el/la profesor/a.

> 例　Este pan es riquísimo. (rico)　¡Muchísimas gracias! (Muchas gracias.)
> 　　A: ¿Cómo es Paulo?　　B: ¡Es guapísimo e inteligentísimo! (guapo e inteligente)

接続詞の y は後ろに i の
音で始まる単語が来る
と e に変わるよ。

アクセントと記号②　Acento y tilde ②

　教科書 p.75 の「アクセントと記号①」の知識だけでは、例えば familia という単語になぜアクセント記号が付かないのか、ということがわかりません。母音の数え方を理解する必要があります。スペイン語には強い母音 (a, e, o) と弱い母音 (i, u) があり、弱い母音を含む2つの異なる母音が並んでいるとき、それらの母音を一つの母音として数えます。

14 ① 強母音が並んでいる場合はそれぞれを分けて数える。

> maestro　idea　oeste　paella　buceo

15 ② 強母音と弱母音が並んでいる場合は一つとみなし、そこを強く発音する場合は強母音が強くなる。

> euro　reina　boina　flauta　rueda　izquierda

16 ③ 弱母音が並んでいる場合も一つとみなし、そこを強く発音する場合は後ろの母音が強くなる。

> viudo　triunfo　Suiza　cortocircuito　ruina

17 音声を聞いて発音し、以下の単語にアクセント記号をつけるか、つける場合はどこにつけるか考えましょう。規則に従わない場合アクセント記号がつきます。

1. diosa　2. aereo　3. descuido　4. muerte　5. cocaina　6. Austria　7. caida　8. magia

1 観光地・都市にあるもの Sitios y lugares turísticos de la ciudad

18 A 音声を聞いて発音し、意味を調べて確認しましょう。 Escucha y repite. Luego comprueba el significado.

templo budista	santuario / templo sintoísta	iglesia	catedral	parque de atracciones
calle	avenida	plaza	ayuntamiento / municipalidad	
puente	estatua	castillo	monumento histórico	

スペイン語圏は広いから地域によって使う単語が違うことがあるよ。ここで紹介されている以外に使われている単語もあるから気づいたらメモしておこう。

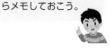

19 B 👥 音声を聞いて発音し、先生と意味を確認し、次に下の例を使ってクラスメートと練習しましょう。
Escucha y repite. Comprueba el significado con el/la profesor/a y practica con tu compañero/a siguiendo el modelo.

例 A: ¿Conoces **alguno** de estos lugares? B: No. No conozco ninguno.
B: Sí, conozco la calle Takeshita.
B: Sí, conozco **algunos**: La calle Takeshita, el Parque de la Paz de Nagasaki y otros.

A: ¿Cuándo fuiste? B: Fui hace dos años con mis amigos.

> El templo Zenkoji de Nagano   La calle Takeshita de Tokio   La avenida Dotonbori de Osaka
> La gran estatua de Buda de Nara   El puente de la bahía de Yokohama   La plaza Roja de Rusia
> La catedral de Notre Dame de París El Parque de la Paz de Nagasaki

alguno/aはこの文脈では母集団の中のどれか一つ（一人）、algunos/asは母集団の中の複数を想定しているよ。

2 過去の文 Frases de pasado

20 A 👥 音声を聞いて発音し、意味を確認したあと、クラスメートと例に倣って質問しましょう。
Escucha y repite. Luego comprueba el significado y practica las preguntas con tu compañero/a siguiendo el modelo.

例 A: ¿Qué hiciste ayer? B: Ayer trabajé en una cafetería.
A: ¿Qué comiste anoche? B: Anoche comí *sukiyaki*.
A: ¿Con quién cenaste ayer? B: Cené con mi familia.
A: ¿A dónde fuiste ayer? B: Ayer fui a la universidad.
A: ¿A qué hora te levantaste ayer? B: Me levanté a las siete.
A: ¿Qué hiciste anoche? B: Comí solo, me bañé, estudié un poco y me acosté.

21 B 音声を聞いてKenとDiegoがしたことを書きましょう。Escucha y escribe lo que hicieron Ken y Diego.

Ken: _____

_____

Diego: _____

_____

> **No te preocupes.** 心配しないで
> **caja** 箱 **pesado/a** 重い

C KenとDiegoの両方が行ったことを、ellosを主語にして書きましょう。Escribe lo que hicieron ambos, utilizando el pronombre ellos.

Ellos _____

_____

22 D 音声を聞いてテキストを読み、意味を考えて先生と確認しましょう。Escucha y lee el texto. Luego piensa el significado y comprueba con el/la profesor/a.

23

Diálogo 1

A: ¿Cuándo visitaste algún museo por última vez*?

B: El año pasado visité el museo Ghibli.

A: ¿Con quién fuiste?

B: Fui con una amiga.

A: ¿Qué te **pareció** el museo?

B: Me **pareció** fantástico.

*por última vez 最後に

Diálogo 2

A: ¿Cuándo fuiste a un restaurante por última vez?

B: Fui a un restaurante peruano hace unos días.

A: ¿Con quién fuiste?

B: Fui con mi familia.

A: ¿Qué comieron ustedes allí?

B: Comimos arroz con pollo y papas a la huancaína.

A: ¿Les **gustaron**?

B: Sí, nos **gustaron** mucho.

> gustaronは
> 「好きだった」
> ではなく、「気
> に入った」の
> 意味に近いよ。

E 赤字の動詞がなぜこの形になっているのかを考え、先生と確認しましょう。Piensa por qué los verbos en rojo están conjugados de esta forma y comprueba con el/la profesor/a.

F 👥 以下のことを一番最近行ったのはいつですか？ 以下から二つを選び、**D**の例文を参考にクラスメートと文章を作り練習しましょう。¿Cuáles de estas cosas has hecho recientemente? Elige dos de ellas, y escribe frases con tu compañero/a siguiendo el modelo de **D**. Practica oralmente las frases.

> cocinar algo   visitar algún lugar turístico   empezar a ir a algún club
> viajar a algún país extranjero   ver alguna película en un cine

G **F**で作った文章を使い、例を参考に3人称単数で作文をしましょう。Con las frases que has hecho en **F**, haz frases en tercera persona singular como el modelo.

> 例　Kaede visitó el museo Ghibli el año pasado. Fue con una amiga suya.
> 　　Le pareció fantástico el museo.

スペイン語圏の都市の中心部 El centro de las ciudades en el mundo hispano

A スペイン語圏の多くの都市の中心部は日本とは異なる点があります。以下の写真はチリの首都サンティアゴの例です。音声を聞いて発音した後、テキストを読んで意味を考えましょう。El centro de las ciudades en el mundo hispano es diferente de las ciudades de Japón. Fíjate cómo es el centro de Santiago de Chile en estas fotos. Escucha y repite. Luego lee el texto y piensa en el significado.

Estatua de
Pedro de Valdivia

Plaza de Armas

Catedral y Municipalidad de Santiago

En las ciudades del mundo hispano, por lo general, el centro de la ciudad no es la estación del ferrocarril ni un palacio. El centro de la ciudad es una gran plaza, que en España se llama comúnmente "plaza mayor", y en las ciudades de Hispanoamérica tiene diferentes nombres, como el Zócalo o Plaza de la Constitución en México, la Plaza de Armas en Perú o en Chile, la Plaza de Bolívar en Colombia, o la Plaza de Mayo en Argentina. En la plaza mayor en Hispanoamérica, normalmente hay árboles, plantas y bancos. En el centro, hay alguna estatua de personajes famosos de la historia de ese país. Alrededor de la plaza están los edificios principales. Por ejemplo, la catedral, la casa de gobierno, el correo central u otros. La plaza es un lugar para descansar, pasear y también para reunirse cuando hay algún evento importante.

ferrocarril 鉄道　palacio 宮殿　comúnmente 一般的に　árbol 木　planta 植物
banco ベンチ　gobierno 政府　pasear 散歩する　reunirse 集まる　evento イベント

B 日本の都市の中心部には何がありますか。皆さんがよく知っている都市を一つ選び、**A**の文章を参考にスペイン語で簡単に説明し、クラスメートと比較しましょう。辞書を使ってかまいません。Escribe un breve texto en español explicando cómo es el centro de alguna ciudad que conoces en Japón y compáralo con tu compañero/a.

課のまとめと応用　Repaso final

A 音声を聞いて答えましょう。Escucha el audio y contesta a las siguientes preguntas.

1. ¿Qué le pareció a Irene la ciudad de Tokio?
2. ¿Qué medios de transporte usó Irene?
3. ¿Por qué Irene dice que es un poco difícil encontrar los lugares?
4. ¿Qué hizo Irene en la calle?

conveniente 便利な　aunque... ～だけれども　encontrar 見つける
regular 規則的　preguntar 質問する　destino 行先

B 音声の質問に答えましょう。（5問）Contesta a las preguntas del audio.

C 音声の文が答えになる疑問文を言いましょう。（3問）Di las preguntas para las frases del audio.

A ◆Así es el español◆
Pude aprender muchas cosas con ellos.
Unidad **15**

第15章 **聞いて考えよう**

３年生のとき、交換留学で１年間アメリカのマイアミに行ったよ。英語とスペイン語が両方学べると思ったんだ。学生寮にいたけど、スペイン語の勉強になると思ってキューバ人の家庭にホームステイもしたよ。ホストマザーのTaniaが特に親切で、マイアミの生活のことや、家族の話をいろいろ聞かせてくれたよ。

ヒント

elegí < elegir 選ぶ
hispanohablante スペイン語話者
fue < ser　tuve que < tener que
sacar el pasaporte パスポートを取得する
billete de avión 航空券　reservar 予約する
estuve < estar　cubano/a キューバの
fueron < ser　pude < poder
historia 歴史・話　supe < saber
vino < venir　hace... 〜前

1 A 音声を聞きましょう。Escucha el audio.

B 音声を止めながら発音練習をしましょう。
Vuelve a escuchar y repite deteniendo el audio.

C 右のヒントを参考に、音声の内容の意味を予想しましょう。
Vuelve a escuchar e intenta comprender el significado mirando el vocabulario.

D もう一度音声を聞き、以下の質問に答えましょう。Vuelve a escuchar el audio y contesta a las siguientes preguntas.

1. ¿Para qué fue Ken a Estados Unidos?
2. ¿Por qué Ken eligió Miami?
3. ¿Estuvo Ken un año entero* en una residencia universitaria?　*まる一年
4. ¿De dónde es Tania?

音読して練習しよう

CHECK! 練習帳

2 A 音声を思い出しながら練習帳のスクリプトを音読しましょう。Practica la lectura del texto en el cuaderno de ejercicios.

B 🏃 音声を聞いて発音し、例を参考にクラスメートと話しましょう。スマホに写真があれば見せましょう。
Escucha y repite. Luego practica con tu compañero/a usando este modelo. Si tienes alguna foto en tu móvil, muéstrasela a tu compañero/a.

例　**A**: ¿En qué lugares de Japón estuviste?　**B**: Estuve en Hiroshima.
　　A: ¿Cuándo fuiste?　**B**: Fui hace dos años.
　　A: ¿Pudiste comer *okonomiyaki*?　**B**: Sí, pude comer *okonomiyaki* el último día.

estuviste, estuve < estar　pudiste, pude < poder

この課の目標

コミュニケーション：過去に行った旅行やその準備について表現することができる。人の一生の出来事について表現することができる。
文法：点過去の不規則活用ができて文脈の中で使える。基本的な接続詞を用いた文章が作れる。
語彙・表現：旅の準備・ライフイベントの表現が文脈の中で使える。
綴り：アクセントの有無で区別する単語のアクセントの有無がわかる。

1 点過去2 Pretérito perfecto simple 2

過去形を学習するときは、現在形の復習も並行して行おう。
知らない動詞が出てきたら、その意味の他に、現在形の活用も確認してね。例えば、elegirの現在形はelijo、eliges、elige、elegimos、elegís、eligenと活用するよ。

A 音声を聞いて発音し、太字の動詞の原形と文全体の意味を考え、先生と確認しましょう。Escucha y repite. Piensa cuál es el infinitivo de los verbos en negrita y el significado de las frases. Luego comprueba con el/la profesor/a.

例　A: ¿Dónde **estuviste** la semana pasada?　　B: **Estuve** en Morioka.
　　A: ¿Cuándo **tuvieron** Pablo y Alicia a su hijo?　B: Lo **tuvieron** el año pasado.
　　A: ¿A qué hora **viniste** ayer aquí?　　B: **Vine** a las cuatro, más o menos.

B 音声を聞いて発音し、活用を覚えましょう。Escucha, repite y aprende la conjugación.

estar		venir	
yo **estuve**	nosotros **estuvimos**	yo **vine**	nosotros **vinimos**
tú **estuviste**	vosotros **estuvisteis**	tú **viniste**	vosotros **vinisteis**
él **estuvo**	ellos **estuvieron**	él **vino**	ellos **vinieron**

C 音声を聞いて原形とyoの形を覚えましょう。次に活用を聞き、口頭で活用して先生にチェックしてもらいましょう。Escucha, repite y aprende la forma de yo. Luego escucha la conjugación, conjuga estos verbos oralmente y comprueba con el/la profesor/a.

tener	saber	poder	poner
yo **tuve**	yo **supe**	yo **pude**	yo **puse**

D 音声を聞いて発音し、次に**B**と**C**の全ての動詞のyoの活用形を言い、主語を変えて続けて活用し、先生にチェックしてもらいましょう。Escucha y repite. Luego di la conjugación de los verbos de B y C en la primera persona del singular solamente, y continúa con las otras personas por separado. Comprueba con el/la profesor/a.

言えるようになったら書いてみてね。

例　yo estuve, yo vine, yo tuve... tú estuviste, tú viniste, tú tuviste...

E 音声を聞いて発音し、活用を覚えましょう。Escucha, repite y aprende la conjugación.

dormir		pedir	
yo **dormí**	nosotros **dormimos**	yo **pedí**	nosotros **pedimos**
tú **dormiste**	vosotros **dormisteis**	tú **pediste**	vosotros **pedisteis**
él **durmió**	ellos **durmieron**	él **pidió**	ellos **pidieron**

F 音声を聞いて発音し、原形とyoの形を覚えましょう。意味を知らない場合は辞書で調べましょう。次に活用を聞き、口頭で活用して先生にチェックしてもらいましょう。Escucha, repite y aprende el infinitivo y la forma de yo. Si no sabes el significado, averigua en el diccionario. Después escucha la conjugación y conjuga estos verbos oralmente y comprueba con el/la profesor/a.

sentir	repetir	elegir	morir
yo **sentí**	yo **repetí**	yo **elegí**	yo **morí**

G 音声を聞いて発音しましょう。次に**E**と**F**の全ての動詞のyoの活用形を言い、主語を変えて続けて活用し、先生にチェックしてもらいましょう。Escucha y repite. Luego di la conjugación de los verbos de E y F en la primera persona del singular solamente, y continúa con las otras personas por separado. Comprueba con el/la profesor/a.

例　yo dormí, yo pedí, yo sentí... tú dormiste, tú pediste, tú sentiste...

10 H 音声を聞いて発音し、活用を覚えましょう。Escucha, repite y aprende la conjugación.

ser / ir	
yo **fui**	nosotros **fuimos**
tú **fuiste**	vosotros **fuisteis**
él **fue**	ellos **fueron**

dar	
yo **di**	nosotros **dimos**
tú **diste**	vosotros **disteis**
él **dio**	ellos **dieron**

> serの点過去形は、irの点過去形と同じ形だということに自分で気付くと頭に入りやすいよ。

11 I 音声を聞いて意味を言いましょう。Escucha y di el significado.

> 例　Ayer hablé con Ana. → 私は昨日アナと話した。

1.　　　2.　　　3.　　　4.　　　5.　　　6.　　　7.　　　8.

12 J 音声を聞いて、活用を言いましょう。Escucha y di la forma del verbo que corresponde.

> ここも言えるようになったら書いてみてね。

> 例　(hablar, yo) → yo hablé

1.　　　2.　　　3.　　　4.　　　5.　　　6.　　　7.　　　8.

2 接続詞 Conjunciones

13 A 音声を聞いて発音し、文全体の意味を考え、先生と確認しましょう。Escucha y repite. Piensa en el significado de las frases y comprueba con el/la profesor/a.

> 例　**Como** no tengo dinero, no voy a ir a Okinawa con ellos esta vez.
> No voy a ir a Okinawa con ellos esta vez **porque** no tengo dinero.
> **Aunque** no tengo mucho dinero, compré esta camiseta porque me encantó.
> **Si** tienes hambre, buscamos algún restaurante cerca de aquí.
> **Cuando** llegué a casa, fui directamente al baño.

B スペイン語で言いましょう。Dilo en español.

1. 私は勉強しなかったからその試験に合格する (aprobar) ことができなかった。
2. あまり勉強しなかったけれど、その試験に合格した。
3. その食べ物を食べた時、祖母を思い出した (recordar)。
4. もしスーパーが近くにあったら、（私は）牛乳を買うよ。

Acento y tilde ③　｜　**アクセントと記号 ③**

　アクセント記号の規則に従っている場合や一音節の単語は通常アクセント記号は付けません。では「彼」él、「どのように」cómoなどはなぜアクセント記号を付けるのでしょうか。それは、綴りが同じで意味が異なる単語と区別するためです。

> 例　él 彼は（代名詞）　el（定冠詞男性単数）　cómo どのように（疑問詞）
> como 〜のように、〜として（前置詞）　como < comer（動詞）

アクセント記号の規則がわかると、聞いたことがない単語でもどこを強く読めばいいかわかるから便利だよ。規則が難しいと思ったら、新しい単語が出てきたときにしっかり音声を聞いて音と綴りに注意して覚えていってね。その方法でも少しずつできるようになっていくよ。

以下の単語を書きましょう。Escribe en español.

1. もし、はい　　　2. 君の、君は
3. 私の、私に　　　4. いつ、〜する時

1 旅の準備 Preparativos para el viaje

14 A 音声を聞いて発音し、意味を調べて確認しましょう。Escucha, repite, averigua el significado y comprueba.

pasaporte	maleta	pasaje de avión / billete de avión	tarjeta de crédito	paraguas
mochila	seguro de viaje	licencia internacional de conducir	reserva de hotel	regalos de Japón

15 B 留学前にKenが行ったことです。(　　)にはAの中から適切な単語を選び、動詞を現在・現在完了・点過去の中から適切な形に活用して入れましょう（複数回答可）。最後に音声を聞いて確認しましょう。

Ken y Diego hablan sobre los preparativos del viaje. Completa las palabras que faltan con el vocabulario de A y conjuga los verbos. Puede ser en presente, o en pretérito perfecto simple o en pretérito perfecto compuesto. Puede haber más de una respuesta. Comprueba con el audio.

Ken: La semana pasada (1)(recibir) _____ la notificación* de la universidad. ¡Voy a Estados Unidos!
Estoy muy contento, pero tengo que hacer muchas cosas.   *通知

Diego: ¿Ya tienes el (a)(　　　　　)?

Ken: Todavía no, porque no (2)(salir) _____ nunca de Japón.
Pero ayer (3)(ir)_____ a la oficina para sacarlo.

Diego: ¿Piensas** llevar muchas cosas?   ** < pensar 考える

Ken: La verdad es que sí, para no tener que comprar muchas cosas en Estados Unidos.
Por eso ayer (4)(comprar) _____ una (b)(　　　　　) grande.

Diego: ¿Vas a llevar una (c)(　　　　　)?

Ken: No, porque no (5)(saber)_____ conducir.

Diego: ¿Ya (6)(sacar) _____ el (d)(　　　　　) de avión?

Ken: Sí ya lo (7)(sacar) _____, y también (8)(hacer) _____ una (e)(　　　　　) de un hotel.

C Kenが行ったことをKenを主語にして言い換えましょう。Di lo que hizo Ken.

2 ライフイベント Etapas de la vida

16 A 音声を聞いて発音し、意味を調べて確認しましょう。Escucha y repite. Luego averigua y comprueba el significado.

nacer	crecer	entrar en	terminar
irse a	casarse	tener hijos	morir

17

A los... años　　guardería　　jardín (infantil, de infantes)　　escuela primaria
escuela secundaria básica　　escuela preparatoria　　bachillerato　　universidad

18 🔊 B Kenのキューバ出身のホストマザー Tania の半生です。音声を聞いて発音し、先生と意味を確認しましょう。
Escucha, repite y comprueba el significado con el/la profesor/a del siguiente texto sobre Tania, la "madre cubana" de Ken.

Tania nació en La Habana en 1990 pero creció en Matanzas con sus abuelos. Vivió quince años en Matanzas. A los 18 años entró en una academia para estudiar Arte, pero no terminó sus estudios.
A los 21 años se fue a Estados Unidos como inmigrante. Allí comenzó a trabajar en una tienda y al mismo tiempo* estudió en una academia para ser peluquera**. Poco después, conoció a Fernando y dos años más tarde se casó con él. Tuvo un hijo a los 25 años. A los 32 años murieron sus abuelos de Matanzas.

*同時に   **美容師

C Aの語彙とBの文章を参考に、自分あるいは家族など身近な人物を選び、人生の軌跡を書きましょう。Escribe la trayectoria de algún familiar o persona cercana, utilizando el vocabulario de A, y tomando como modelo el texto de B.

19 🔊 D 音声を聞いて以下の質問に答えましょう。
Escucha el audio y contesta a las siguientes preguntas.

1. ¿Quién es Frida Kahlo?
2. ¿Dónde nació?
3. ¿En qué año nació?
4. ¿Cuál fue el acontecimiento que cambió su vida?
5. ¿Con quién se casó?
6. ¿Cuántas veces se casó?
7. ¿Cuándo murió?

Autorretrato de Frida Kahlo

> grave 重大な momento 時 pintar 絵を描く pintor/a 画家 divorciarse 離婚する
> volver a... 再び～する pintura 絵画 obra 作品

3 旅行 Viaje

A あなたが過去に行った長期の旅行（修学旅行などでかまいません）について思い出して書きましょう。できるだけ以下の質問の答えをテキストに入れましょう。Recuerda algún viaje largo que hayas hecho (por ejemplo, el viaje de fin de curso) y escribe un texto. Trata de incluir en el texto las respuestas a las siguientes preguntas.

> ¿Dónde estuviste?   ¿Qué preparativos* tuviste que hacer?   *準備
> ¿En qué fuiste?   ¿Con quién fuiste?   ¿Cuándo viajaste?   ¿Cuántos días estuviste?
> ¿Qué hiciste (comiste, compraste) durante el viaje?   ¿Qué aprendiste?   ¿Qué tal fue?

B 👥 Aの質問とAで作った文章を使ってクラスメートと話しましょう。できれば以下の例のように、スマホで写真を見せて行いましょう。Practica con tu compañero/a utilizando las preguntas de arriba y el texto que has escrito. Si puedes, muéstrale algunas fotos del viaje, como las que están abajo.

アメリカ合衆国のヒスパニック Latinos en Estados Unidos

20 A 音声を聞いて発音した後、テキストを読みましょう。辞書を使ってかまいません。Escucha y repite. Luego lee el siguiente texto usando el diccionario.

Según el censo del año 2021, Estados Unidos tiene una población de 331 millones de habitantes, y alrededor de 62 millones son latinos. Actualmente los latinos son la primera minoría étnica de los Estados Unidos.

El 62% de los latinos han venido de México, pero también ingresaron a Estados Unidos a través de México muchas personas de Centroamérica, y en particular, de Guatemala, El Salvador y Honduras.

Muchos de ellos han emigrado para huir de la pobreza, pero también por las persecuciones, la violación de los derechos humanos, o por la inseguridad. También hay muchos inmigrantes cubanos que atravesaron el mar, en busca de mejores condiciones de vida.

Los latinos en Estados Unidos han creado comunidades locales, con sus propias costumbres y hasta con una nueva lengua, mezcla de inglés y español. Muchos comenzaron trabajando como mano de obra barata, y actualmente están presentes en el mundo profesional, en la educación, en el arte, en la administración pública, y hasta en la política.

según... 〜によると　alrededor de... およそ〜
actualmente 現在　en busca de... 〜を探して
a través de... 〜を通って　en particular 特に・とりわけ　por causa de... 〜が原因で
es decir つまり　mano de obra 労働力

B Aの内容について以下の質問に答えましょう。

Contesta a las siguientes preguntas sobre el texto de A.

1. ¿Cuál es el porcentaje de los latinos en Estados Unidos del año 2021?
   a. el 18%　　b. el 32%　　c. el 43%
2. ¿De qué países de Centroamérica vienen muchos inmigrantes a Estados Unidos?
3. ¿Cuáles son las principales causas de la inmigración de Centroamérica a Estados Unidos?
4. ¿Cómo llegaron a Estados Unidos los inmigrantes cubanos?
5. ¿Cómo viven los latinos en Estados Unidos?

課のまとめと応用　Repaso final

21 A 音声を聞いて答えましょう。Escucha el audio y contesta a las siguientes preguntas.

1. ¿Cómo es la bicicleta que compró Marcela?
2. ¿Qué problema tuvo Marcela en medio de los arrozales?
3. ¿Qué le hicieron el señor mayor y su esposa a Marcela?

camino 道　arrozal 田んぼ　agotarse 空になる　cargar チャージする　acercarse 近づく
al parecer 見たところ　rato 少しの間　siguiente 次の　seguir 続ける　recuerdo 思い出

22 B 音声の質問に答えましょう。（5問）Contesta a las preguntas del audio.

23 C 音声の文が答えになる疑問文を言いましょう。（3問）Di las preguntas para las frases del audio.

第16章　　聞いて考えよう

アメリカの大学では、最初は英語に苦戦したよ。でも、友人と一緒にジムに行ったり、ラテンアメリカやマレーシアからの留学生に日本語を教えたりするようになって、だんだん慣れていったよ。ホームステイ先では時間があるときは家事を手伝っていろいろな話をしたな。こちらから何か提供できることがあると話がしやすくなるね。

1　A 音声を聞きましょう。Escucha el audio.

B 音声を止めながら発音練習をしましょう。
Vuelve a escuchar y repite deteniendo el audio.

C 右のヒントを参考に、音声の内容の意味を予想しましょう。
Vuelve a escuchar e intenta comprender el significado mirando
el vocabulario.

ヒント
cuando estudiaba 勉強していたとき
era < ser　**había** < haber　**iba** < ir
casi ほとんど　**parecían** < parecer
cama ベッド　**nevera** 冷蔵庫　**tenía** < tener
parte 部分　**mundo** 世界　**salíamos** < salir
divertirnos < divertirse 楽しむ
visitábamos < visitar　**asiático/a** アジアの
querían < querer　**daba** < dar

D もう一度音声を聞き、以下の質問に答えましょう。Vuelve a escuchar el audio y contesta a las siguientes preguntas.

1. ¿A dónde iba Ken después de las clases?
2. ¿Qué cosas le parecían grandes a Ken?
3. ¿Cuándo salía Ken con sus compañeros?
4. ¿Qué querían aprender los compañeros asiáticos y latinos de Ken?

音読して練習しよう

CHECK!
練習帳

2　A 音声を思い出しながら練習帳のスクリプトを音読しましょう。Practica la lectura del texto en el cuaderno de ejercicios.

B 音声を聞いて発音し、小学生のころを思い出してクラスメートと話しましょう。Escucha y repite. Luego
recuerda tu vida en la escuela primaria y practica con tu compañero/a usando el modelo.

例　**A**: ¿Dónde vivías?　　　　　　**B**: Vivía en Miyazaki.
　　A: ¿Qué comida te gustaba?　　**B**: Me gustaba el *ramen*.
　　A: ¿Qué deporte te gustaba?　　**B**: Me gustaba el tenis.
　　　　　　　　　　　　　　　　　B: No me gustaban los deportes.

この課の目標

コミュニケーション：過去の自分や自分が習慣的に行っていたことを表現できる。

文法：線過去の活用ができて文脈の中で使える。数量や程度の比較ができる。

語彙・表現：家の中にあるものや家事について表現できる。

1 線過去 Pretérito imperfecto

3 A 音声を聞いて発音し、例文の意味と二つの過去形の意味の違いを予想し、先生と確認しましょう。

Escucha y repite. Piensa la diferencia del significado de los dos pretéritos y comprueba con el/la profesor/a.

（点過去）Ayer **compré** unos chocolates muy buenos en esta tienda.

（線過去）Cuando yo era pequeña, mi madre siempre **compraba** muy buenos chocolates en esta tienda.

（点過去）Anoche **trabajé** en un restaurante italiano cerca de mi casa.

（線過去）Los sábados **trabajaba** en un restaurante italiano cerca de mi casa.

> この課では「過去に習慣的に行っていた」という意味の線過去形の使い方を覚えてね。二つの過去形はどういう意味を示すときにどちらの形になるのかが大切だから、文脈と意味を必ず確認してね。

4 B 音声を聞いて発音し、活用を覚えましょう。Escucha, repite y aprende la conjugación.

hablar (-ar)	
yo **hablaba**	nosotros **hablábamos**
tú **hablabas**	vosotros **hablabais**
él **hablaba**	ellos **hablaban**

> tomar desayunar comprar
> levantarse despertarse
> hacer tener volver salir dormir

comer	
yo **comía**	nosotros **comíamos**
tú **comías**	vosotros **comíais**
él **comía**	ellos **comían**

vivir	
yo **vivía**	nosotros **vivíamos**
tú **vivías**	vosotros **vivíais**
él **vivía**	ellos **vivían**

5 C 音声を聞いて発音しましょう。次に B の右のリストの全ての動詞の yo の活用形を言い、主語を変えて続けて活用し、先生にチェックしてもらいましょう。Escucha y repite. Luego di la conjugación de los verbos de B en la primera persona del singular solamente, y continúa con las otras personas por separado. Comprueba con el/la profesor/a.

> 例 yo tomaba, yo desayunaba, yo compraba... tú tomabas, tú desayunabas, tú comprabas...

> 線過去の例外的な活用はこの3つだけだよ。

6 D 音声を聞いて発音し、活用を覚えましょう。Escucha, repite y aprende la conjugación.

ir		ser		ver	
yo **iba**	nosotros **íbamos**	yo **era**	nosotros **éramos**	yo **veía**	nosotros **veíamos**
tú **ibas**	vosotros **ibais**	tú **eras**	vosotros **erais**	tú **veías**	vosotros **veíais**
él **iba**	ellos **iban**	él **era**	ellos **eran**	él **veía**	ellos **veían**

7 E 音声を聞いて活用を言いましょう。Escucha y di la forma que corresponde del verbo.

> 例 (hablar, yo) → yo hablaba

1.   2.   3.   4.   5.   6.   7.   8.

8 F 音声を聞いて発音し、意味を調べて覚えましょう。Escucha, repite y aprende el significado.

siempre   todos los días   casi todas las semanas   todos los veranos   antes
de niño/a   cuando era niño/a   cuando tenía 10 años

⁹ **G** 音声を聞いて意味を言いましょう。Escucha y di el significado.

わかりにくかったら練習帳の例も確認してね。

> 例　Ana trabajaba aquí. → Anaはここで働いていた。

1.　　2.　　3.　　4.　　5.　　6.　　7.　　8.

CHECK!
練習帳

2 数量・程度の表現と比較　Expresiones y comparativo de cantidades

¹⁰ **A** 音声を聞いて発音し、意味を確認しましょう。Escucha, repite y comprueba qué significan las siguientes expresiones.

comer poco, trabajar poco は「少ししか食べない」「少ししか働かない」という否定的な意味があるよ。

comer mucho　　comer poco　　trabajar mucho　　trabajar poco

B スペイン語にしましょう。Dilo en español.

1. Reikoは沢山稼ぐ。　2. Maxは沢山飲む。　3. Pilarは少ししか勉強しない。　4. 彼らは少ししか話さない。

¹¹ **C** 音声を聞いて発音し、意味を先生と確認しましょう。
Escucha, repite las siguientes expresiones y comprueba qué significan con el/la profesor/a.

Julio

¡Comes tanto!

Sara

¿Siempre comes tan poco?

tantoはそれだけで「そんなに」「そんなに沢山」という意味があるから、その後でmuchoを入れる必要はないよ。
ここでは、tantoとtan pocoをまず表現として学習してね。
この場合、副詞だから変化しないよ。

D スペイン語にしましょう。Dilo en español.

1. Reikoはそんなにたくさん稼ぐんだ。　　2. Maxはそんなに沢山飲むんだ。
3. あなたはそれだけしか寝ないんですか？　4. Pedroは君にそれだけしか払わないの？

¹² **E** 音声を聞いて発音し、意味を先生と確認しましょう。Escucha y repite. Luego piensa en el significado de los ejemplos y comprueba con el/la profesor/a.

Alex

¡Comes mucho!

Sí, pero mi madre come más.

¡Comes poco!

Sí, pero mi hermana come menos.

Pepa

¹³ Julio come mucho.　Alex también come mucho.　Alex come **tanto como** Julio.
Alex come mucho, pero su madre come **más que** él.

Sara come poco. Pepa también come poco.　Pepa come **tan poco como** Sara.
Pepa come poco, pero su hermana come **menos que** ella.

程度・量の副詞の比較

¹⁴ **F** 音声を聞いて発音し、意味を先生と確認しましょう。Escucha y repite. Luego piensa en el significado de los ejemplos y comprueba con el/la profesor/a.

Akio y Hideo

Akio tiene muchas fotos de trenes. Su hermano Hideo también tiene muchas fotos de trenes, pero su padre Yotaro tiene **más** fotos de trenes **que** ellos.

Akio tiene **tantas** fotos de trenes **como** su hermano, pero su padre tiene **más** fotos **que** ellos.

名詞の数・量の比較

1 家事・家の中にあるもの Quehaceres domésticos, espacios y objetos de la casa

15 A 音声を聞いて発音し、先生と意味を確認しましょう。 Escucha, repite y luego comprueba el significado de las palabras con el/la profesor/a.

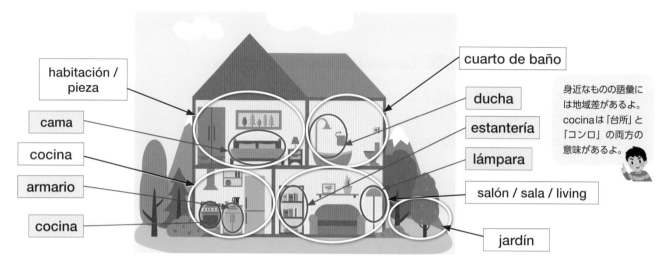

habitación / pieza

cama

cocina

armario

cocina

cuarto de baño

ducha

estantería

lámpara

salón / sala / living

jardín

身近なものの語彙には地域差があるよ。cocinaは「台所」と「コンロ」の両方の意味があるよ。

16 家電 Electrodomésticos

microondas	lavavajillas	refrigerador/a / frigorífico / nevera	aspiradora	lavadora

B 音声を聞いて発音し、表現の意味を確認しましょう。次に、大学入学前に、あなたが家で行っていたこと、行っていなかったことを頻度の表現を加えて表に書きましょう。 Escucha, repite y luego comprueba el significado de las palabras con el/la profesor/a. ¿Qué hacías y qué no hacías para ayudar en tu casa antes de entrar en la universidad?

17
limpiar el baño   lavar los platos   poner los platos en el lavavajillas

hacer la cama   ordenar la habitación   pasar la aspiradora

sacar la basura   poner la ropa en la lavadora   hacer la compra

preparar la comida   cuidar las plantas del jardín   apagar las luces

solerは「よく〜する」という意味の動詞だよ。現在形も確認してね。

soler	
solía	solíamos
solías	solíais
solía	solían

18
con frecuencia   los fines de año   muchas veces   regularmente
19
rara vez

頻繁に、あるいは時々行っていたこと	あまり・まったく行っていなかったこと
Yo lavaba los platos con frecuencia. Yo solía apagar las luces antes de acostarme.	Yo rara vez sacaba la basura.

C クラスメートがどんなお手伝いをしていたか複数の人に尋ね、多くの人がしていたことを書きましょう。 Pregunta a varios de tus compañeros/as y escribe las cosas que muchos de ellos hacían en su casa.

2 子供のころ La infancia

20 A Kenの子供のころの話です。音声を聞いて発音し、先生と意味を確認しましょう。Escucha y repite lo que cuenta Ken sobre su infancia. Luego comprueba el significado con el/la profesor/a.

Yo suelo ir al gimnasio y tengo un cuerpo musculoso. Pero cuando **era** niño, no **hacía** ningún deporte porque me **gustaba** más jugar a videojuegos. Yo **vivía** en Gunma, y cerca de mi casa **había** un parque grande con un bosque y un estanque. A veces **iba** con mis amigos al parque para andar en bicicleta o cazar insectos. Un día mis amigos y yo sacamos unos caracoles y un cangrejo de río del estanque. Yo los puse en una bolsa, y los llevé a casa. Mi madre se asustó mucho cuando vio la bolsa así que tuve que volver al parque y poner los caracoles y el cangrejo dentro del estanque.

| musculoso/a | videojuegos | estanque | insecto | cangrejo de río | caracol | asustarse |

21 B Diegoが子供のときの話をしています。音声を聞いて以下の質問に答えましょう。

Escucha lo que cuenta Diego sobre su infancia y contesta a las preguntas.

1. ¿Diego vivía en el centro de la ciudad de pequeño?
2. ¿Cómo era Diego cuando era pequeño?
3. ¿Qué le gustaba hacer a Diego?
4. ¿Diego tenía muchos amigos?
5. ¿Diego ayudaba mucho a sus padres en casa?

> **afueras** 郊外　**alberca, piscina** プール　**nadar** 泳ぐ　**curioso/a** 好奇心の強い
> **ayudar** 手伝う　**trabajador/a** 労働者　**hogar** 家庭
> **doméstico/a** 家庭の　**¿En serio?** 本当?

C 10歳のころを思い出し、できるだけ以下の要素を入れて作文をしましょう。

Recuerda tu infancia y escribe un texto explicando qué hacías y cómo eras cuando tenías 10 años. Trata de incluir en el texto las respuestas a las siguientes preguntas.

どこに住んでいた？　　何をするのが好きだった？
週末何をしていた？　　何の食べ物が好きだった？
どんな性格だった？　　何か習っていた？
スポーツや音楽はしていた？

D Cの質問と文章を使ってクラスメートと話しましょう。伝えにくいことはスマホで写真を見せて行いましょう。

Practica con tu compañero/a utilizando las preguntas de C y el texto que has escrito arriba. Si tu compañero/a no comprende bien, puedes explicarle mostrándole fotos en tu teléfono.

E Dで話した人を主語にして作文をしましょう。Escribe un texto contando lo que has escuchado de tu/s compañeros/as.

> 例　Cuando Aya tenía diez años...

アメリカにあるスペイン語の地名 Topónimos en español en Estados Unidos

22 **A** 音声を聞いて発音した後、テキストを読んで意味を考え、先生と確認しましょう。 Escucha y repite. Luego lee el texto, trata de entender el significado y comprueba con el/la profesor/a.

En Estados Unidos, existen Estados, ciudades, pueblos y lugares que tienen nombres en español. Por ejemplo, San Francisco, Santa Mónica, Las Vegas y muchos otros.

¿Por qué hay tantos nombres en español en este país? Durante la época de la colonia española, una gran parte del territorio actual de Estados Unidos pertenecía al Virreinato de Nueva España. En 1821 México se independizó de España, y heredó los territorios del virreinato. Pero años más tarde, entre 1846 y 1848, México y Estados Unidos estuvieron en guerra y como consecuencia, México cedió más de la mitad de su territorio a Estados Unidos. Por eso hay tantos nombres españoles, por ejemplo, en los actuales Estados de California, Nuevo México, Arizona, Texas (Tejas) y otros.

ヌエバ・エスパーニャが地理的に最も拡大した時期の領土
（1794年）

existir 存在する　pueblo 村　por ejemplo 例えば　durante... ～の間　época 時代　colonia 植民地　pertenecer a... ～に属する
el Virreinato de Nueva España ヌエバ・エスパーニャ副王領　independizarse de... ～から独立する　heredar 受け継ぐ
guerra 戦争 consecuencia 結果　ceder 譲渡する

B 写真の州や都市の名前の意味をスマホで調べましょう。 Busca en tu móvil el significado de los nombres de estas fotos.

課のまとめと応用　Repaso final

23 **A** Kenが留学生活について話します。音声を聞いて質問に答えましょう。 Escucha el audio y contesta a las siguientes preguntas.

1. ¿Ken entendía bien inglés cuando comenzó a vivir en Estados Unidos?
2. ¿Cómo se sentía al principio?
3. ¿Qué hacía Ken con la familia cubana?

al principio 最初　sorprenderse 驚く　hamburguesa ハンバーガー　rico/a おいしい
despacio ゆっくり　contar 話す　costumbre 習慣　sano/a 健康的な　delicioso/a おいしい

24 **B** 音声の質問に答えましょう。（5問） Contesta a las preguntas del audio.

25 **C** 音声の文が答えになる疑問文を言いましょう。（3問） Di las preguntas para las frases del audio.

第**17**章　聞いて考えよう

留学中に一度キューバに旅行に行ったんだ。メキシコで乗り換えの便だったから、メキシコも少し観光したよ。キューバでは通りで子供から老人までいろいろな人が話しかけてくれたな。僕のスペイン語は大活躍したよ。今思うと、この旅行は自分にいろいろ影響を与えたよ。

ヒント

al final de... 〜の終わりに　estudio 勉強
aprovechar 利用する　oportunidad 機会
pasarlo bien 楽しい時をすごす
me robaron 盗まれた（< robar）　cartera 財布
Xochimilco ソチミルコ（メキシコの観光地）
La Habana ハバナ
cariñoso/a 愛情のこもった（優しい）
pienso < pensar 考える
volver a... 再び〜する　algún día いつか

1 A 音声を聞きましょう。Escucha el audio.

B 音声を止めながら発音練習をしましょう。
Vuelve a escuchar y repite deteniendo el audio.

C 右のヒントを参考に、音声の内容の意味を予想しましょう。
Vuelve a escuchar e intenta comprender el significado mirando el vocabulario.

D もう一度音声を聞き、以下の質問に答えましょう。Vuelve a escuchar el audio y contesta a las siguientes preguntas.

1. ¿Qué países visitó Ken, además de Estados Unidos?　2. ¿Qué le robaron a Ken en Xochimilco?
3. ¿Quién esperaba a Ken en Cuba?　4. ¿Quién cocina mejor, Yadira o Elena?

音読して練習しよう

CHECK!
練習帳

2 A 音声を思い出しながら練習帳のスクリプトを音読しましょう。Practica la lectura del texto en el cuaderno de ejercicios.

B 👥 音声を聞いて発音し、例を参考に中高生のときに行った場所についてクラスメートと話しましょう。
Escucha y repite. Luego practica con tu compañero siguiendo el modelo.

例　**A**: ¿Hiciste algún viaje cuando estabas en la secundaria?
　　B: Sí, cuando estaba en la secundaria, fui a Hokkaido.
　　A: ¿Comiste *kaisendon* cuando estabas en Hokkaido?　**B**: No, no comí *kaisendon*.
　　A: Entonces, ¿qué comiste cuando estabas en Hokkaido?
　　B: Cuando estaba en Hokkaido, comí *ramen*.

この課の目標

コミュニケーション：過去のある時点における状況を線過去、行動や出来事を点過去を使って伝えることができる。
文法：基本的な点過去と線過去の使い分けができる。副詞の比較ができる。acabar de, empezar a, volver aを文脈の中で使える。注意が必要な動詞（decir, leer, traer crear, oír, conducir）の点過去の活用ができる。行為者をはっきりさせない表現を文脈の中で理解することができる。
語彙・表現：位置を表す表現、親戚や身近な人、性格について文脈の中で表現できる。

1 動詞を組み合わせて作る表現2 Perífrasis verbales 2

🔊3 音声を聞いて発音し、意味を考えて先生と確認しましょう。Escucha, repite y comprueba el significado con el/la profesor/a.

Acabo de salir de casa.　　　　**Acabamos de** recibir el paquete.
Empezamos a cenar a las nueve.　Por la tarde **empezó a** llover.
Vuelvo a llamarle sobre las cuatro.　Ese estudiante **volvió a** llegar tarde.

> acabar de... は「〜したところだ」volver a... は「再び〜する」という意味だよ。ここでの前置詞はフレーズの一部として覚えよう。一つの前置詞でもいろいろな使い方があるけど、出てきたときに文脈の中で覚えてね。

2 点過去3 Pretérito perfecto simple 3

> 三人称複数が-ieronではなくて -eronだから注意してね。

🔊4 **A** 音声を聞いて発音し、覚えましょう。Escucha, repite y aprende.

①

decir		traer		conducir	
yo dije	nosotros dijimos	yo traje	nosotros trajimos	yo conduje	nosotros condujimos
tú dijiste	vosotros dijisteis	tú trajiste	vosotros trajisteis	tú condujiste	vosotros condujisteis
él dijo	ellos dijeron	él trajo	ellos trajeron	él condujo	ellos condujeron

🔊5 ②

leer		creer		oír	
yo leí	nosotros leímos	yo creí	nosotros creímos	yo oí	nosotros oímos
tú leíste	vosotros leísteis	tú creíste	vosotros creísteis	tú oíste	vosotros oísteis
él leyó	ellos leyeron	él creyó	ellos creyeron	él oyó	ellos oyeron

🔊6 **B** 音声を聞いて発音した後、**A**の動詞のyoの活用形を言い、主語を変えて続けて活用し、先生にチェックしてもらいましょう。Escucha y repite. Luego di la conjugación de los verbos en primera persona del singular solamente, y continúa con las otras personas por separado. Comprueba con el/la profesor/a.

> 例　yo dije, yo traje, yo conduje...　tú dijiste, tú trajiste, tú condujiste...

🔊7 **C** 音声を聞いて意味を言いましょう。Escucha y di el significado.

> 例　Ayer leí un libro. 昨日私は本を一冊読んだ。

1.　　2.　　3.　　4.　　5.　　6.　　7.　　8.

🔊8 **D** 音声を聞いて、活用を言いましょう。Escucha y di la forma que corresponde del verbo.

> ここも言えるようになったら書いてみてね。

> 例　(hablar, yo) → yo hablé

1.　　2.　　3.　　4.　　5.　　6.　　7.　　8.

3 点過去と線過去 Pretérito perfecto simple y pretérito imperfecto

🔊9 **A** 音声を聞いて発音し、例文の意味と二つの過去形の意味の違いを予想し、先生と確認しましょう。Escucha y repite. Piensa en el significado fijándote en la diferencia entre los dos pretéritos y comprueba el significado con el/la profesor/a.

Yo **conducía** el coche cuando me llamó mi madre. / Ayer **conduje** desde Tokio hasta Osaka.
Como **llovía** demasiado*, no fui a hacer la compra. / Anteayer **llovió** mucho, pero ayer no **llovió** nada.
Volvimos a casa porque **había** demasiada gente en el restaurante. / Ayer **hubo** un accidente grave aquí.

*あまりに・あまりに多い

¹⁰ 🔊 **B** 音声を聞いて意味を言いましょう。 Escucha y di el significado.

1.   2.   3.   4.   5.   6.   7.   8.

¹¹ 🔊 **C** 音声を聞いて発音し、意味と動詞の主語を考え、先生と確認しましょう。
Escucha y repite. Piensa en el significado y en el sujeto de los verbos y comprueba con el/la profesor/a.

Cuando estaba en el mercado de México, me **robaron** la cartera.
Le **chocaron** el coche a Juan, cuando iba a Barcelona.
Como hablaban mucho en la clase, les **bajaron** la nota a esos estudiantes.

robar 盗む
chocar 衝突する
bajar 下げる

三人称複数であるところに注目してね。

¹² 🔊 **D** 音声を聞いて意味を言いましょう。 Escucha y di el significado.

1.   2.   3.   4.   5.   6.   7.   8.

4 副詞とその比較 Adverbio y su comparativo

A 音声を聞いて発音し、例の意味を考え、先生と確認しましょう。 Escucha, repite y comprueba el significado con el/la profesor/a.

bienは何かを上手に行うこと、しっかり行うことで、malはその逆を意味するよ。

¹³ 🔊 例 cocinar bien / cocinar mal   hablar bien inglés / hablar mal inglés
trabajar bien / trabajar mal   pronunciar bien / pronunciar mal

¹⁴ 🔊 caminar rápido / correr rápido (= rápidamente)
caminar lento / correr lento (= lentamente)
vivir cerca / vivir lejos   levantarse temprano / levantarse tarde
hablar fuerte   hablar despacio

B 音声を聞いて発音し、以下の例文の意味と文法的なポイントを先生と確認しましょう。
Escucha y repite. Comprueba el significado y la gramática con el/la profesor/a.

¹⁵ 🔊 Mi hermano corre más **rápido** que yo. Mi madre camina más **rápido** que yo.
Mis padres caminan tan **rápido** como mi hermano.

Claudia cocina **mejor** que yo.   Claudia y Cecilia cocinan **mejor** que yo.
Claudia cocina tan **bien** como Cecilia.

Estela habla **mal** inglés. Pero sus padres hablan **peor** que ella.
Mi madre conduce el coche tan **mal** como mi padre.

副詞の比較では主語の性や数で太字の形は変わらないところに注目してね。

¹⁶ 🔊 **C** 音声を聞いて意味を言いましょう。 Escucha y di el significado.

1.   2.   3.   4.   5.   6.   7.   8.

1 位置を表す表現 Expresiones de ubicación

🔊17 A 音声を聞いて発音し、意味を調べて確認しましょう。Escucha, repite, averigua el significado y comprueba.

¿Dónde está el gato?

Está delante de la puerta.	Está detrás del monitor.	Está a la izquierda del otro gato grande. / Está a la derecha del otro gato pequeño.	Está arriba de la escalera. / Está abajo de la escalera.
Está al lado de la lavadora. / Está entre la lavadora y la aspiradora.	Está encima de la lavadora. / Está sobre la lavadora.	Está dentro de la lavadora. / Está en la lavadora.	Está debajo de la mesa.

🔊18 B 音声を聞いて右の図に洗濯機、テーブル、本棚、猫、の位置を記入しましょう。Escucha y coloca la lavadora, la cama, la estantería y el gato en el plano de la derecha.

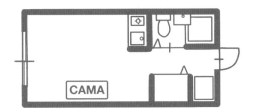

CAMA

2 家族・身近な人など2 Familia, personas cercanas, etc. 2

🔊19 A 音声を聞いて発音し、辞書で意味を調べましょう。Escucha, repite y busca el significado en el diccionario.

tío/a   nieto/a   esposo/a   marido / mujer   novio/a   primo/a   vecino/a   sobrino/a

🔊20 B 音声を聞いて発音し、辞書で意味を調べましょう。Escucha, repite y busca el significado en el diccionario.

cariñoso   generoso   agradable   estricto   correcto   divertido   optimista   pesimista

🔊21 C 音声を聞いて発音し、写真の人物の横に名前とTaniaとの関係、性格を入れましょう。Escucha y repite. Luego escribe el nombre, la relación con Tania y el carácter al lado de cada una de las personas de la foto.

例　La bebe* que está en el centro es Cecilia, una sobrina de Tania. Es tranquila.
　　→ Cecilia, sobrina, tranquila   *赤ちゃん

Cecilia, sobrina, tranquila

Cecilia
Yadira
Mercedes
Elena
Roberto
Alejandro

D 誕生日を祝うため Tania の家に親しい人が集まりました。それぞれ自分が午後にしたことや Tania の家に来た時のことを話しています。文の意味を考え、動詞を適切な点過去か線過去にしましょう。答えは必ずしも一つとは限りません。

Los familiares de Tania se reunieron para celebrar un cumpleaños. Cada uno dice qué ha hecho por la tarde y cómo estaba la casa de Tania. Piensa en el significado del texto y completa con los verbos en pretérito perfecto simple o en pretérito imperfecto.

Tania: Por la tarde (1) _____ (salir, yo) de casa a buscar la torta*, y una hora después (2) la _____ (traer, yo) y (3) la _____ (poner yo) sobre la mesa, delante del microondas.   *ケーキ

Sobrino Ramón: Cuando (4) _____ (venir, yo) a casa me (5) _____ (recibir) Guido, pero la tía Tania no (6) _____ (estar).

Tía Consuelo: A las cinco cuando (7) _____ (pasar, yo) por la cocina, la torta (8) _____ (estar) a la derecha del microondas.

Marido Jaime: Cuando (9) _____ (estar, nosotros) en la cocina, Tania me (10) _____ (decir) "Vuelvo pronto", y (11) _____ (salir) de casa, (12) _____ (ser) las tres. Yo también (13) _____ (irse, yo) a hacer compras, y (14) _____ (volver, yo) a las seis.

Primo Mauricio: (15) _____ (poner, yo) la torta a la derecha del microondas porque (16) _____ (necesitar, yo) usarlo a las cuatro y media más o menos.

Vecina Francisca: Cuando (17) _____ (llegar, yo) aquí a las cinco, (18) _____ (ver, yo) a Guido en la cocina y (19) _____ (haber) una torta delante del microondas.

Padre de Jaime, Guido: Yo (20) _____ (ir) al supermercado después de Tania, cuando (21) _____ (volver), (22) _____ (estar) Jaime en casa.

E 🏃 Guido が家に帰った時、ケーキの一部がつまみ食いされているのを見つけました。他の人の言うことと矛盾している人が食べた人です。誰だと思うかクラスメートと話しましょう。Tania と Guido と Jaime は本当のことを言っています。 Cuando Guido volvió a su casa descubrió que alguien había comido un pedazo de la torta. La persona que dice algo contradictorio es la que comió la torta. Habla con tus compañeros/as y descubre quién comió la torta. Pero Tania, Guido y Jaime dicen la verdad.

3 Ken の体験 Una experiencia de Ken

🔊 **A** 音声を聞き、以下の質問に答えましょう。 Escucha y contesta a las preguntas.

1. ¿Por qué Ken decidió pasar unos días en México?
2. ¿Cuánto tiempo estuvo en México?
3. ¿A dónde fue con Miriam?
4. ¿Cómo se llamaba la isla?
5. ¿Qué hay en la isla?

decidir 決める　amabilidad 親切さ
método 方法　antiguo/a 古い
agricultura 農業　recorrer 巡る
canal 運河　barca 小舟
muñeca 人形　miedo 怖さ
propietario 持ち主　colgar 吊るす
protección 守ること　espíritu 霊

B 🏃 Ken は Miami で日本語を学ぶ学生に日本の短い昔話「にんじん、ごぼう、だいこん」を紹介しました。ヒントを参考に、昔同じ色だった3つがなぜ違う色になったのか、クラスメートと話を書きましょう。話を知らない場合はネットで調べましょう。 Ken enseñó a sus estudiantes de japonés el cuento "La zanahoria, la bardana, y el nabo". Fíjate en estas claves y escribe con tus compañeros la historia, tratando de explicar por qué cambiaron de color estas verduras que antes eran iguales. Si no conoces la historia, averigua en la web.

ヒント	tener el mismo color	decidir bañarse
	gustar/no gustar	lavarse el cuerpo
	lanzarse al baño	estar caliente el agua del baño
	no poder esperar	ponerse rojo

キューバの印象　Mi impresión de Cuba

23 🔊 A 音声を聞いて発音した後、クラスメートとテキストを読み、意味を確認しましょう。

Escucha y repite. Luego lee el texto y comprueba el significado con tu compañero/a.

Javier: Ken, yo nunca he estado en Cuba. Dime, ¿cómo es ese país?
Ken: Yo creo que Cuba es un país muy especial.
En La Habana, la capital, hay pocos coches, y son muy antiguos, de los años 50.
Javier: ¿Qué es lo primero que te llamó la atención?
Ken: Pues, en Cuba no hay publicidad en las calles.
En cambio, hay muchos carteles dedicados a la Revolución.
Javier: ¿Y cuál fue tu impresión de los cubanos?
Ken: Los cubanos me parecieron alegres y simpáticos.
Me hicieron muchas preguntas sobre Japón.
Javier: ¿Qué tal es la vida en Cuba?
Ken: Me parece que la vida no es fácil.
Había poquísimas mercaderías en las tiendas, y la gente tenía que hacer cola para hacer compras.
Javier: ¿Conociste algún otro lugar además de La Habana?
Ken: Sí, me llevaron a conocer las playas de Varadero. ¡Son hermosas!
También estuve en la ciudad de Trinidad, que es una maravillosa muestra de la arquitectura colonial.
Javier: Entonces, parece que Cuba te gustó mucho, ¿no?
Ken: Sí, me encantó. Quiero ir otra vez. Te la recomiendo.

llamar la atención 注意を引く
publicidad 広告
en cambio そのかわり
cartel ポスター・立札など
dedicado a... 〜に捧げられた
mercadería 商品
hacer cola 並ぶ
hermoso/a 美しい
muestra de la arquitectura colonial
　コロニアル建築の例

B どこかの町や国を初めて訪れた時を思い出し、以下の表現を使って文を書きましょう。

Escribe frases sobre alguna ciudad que hayas visitado por primera vez, utilizando las siguientes expresiones.

Yo creo que... / Mi impresión fue que... / Me parece que...

課のまとめと応用　　Repaso final

24 🔊 A 音声を聞いて答えましょう。Escucha el audio y contesta a las siguientes preguntas.

1. ¿Diego se ha adaptado a la vida en Japón?
2. ¿Diego puede hablar japonés?
3. ¿Diego tiene muchos amigos japoneses?
4. ¿Diego sale con alguna chica japonesa?

adaptarse 適応する　quedarse 残る

25 🔊 B 音声の質問に答えましょう。（5問）Contesta a las preguntas del audio.

26 🔊 C 音声の文が答えになる疑問文を言いましょう。（3問）Di las preguntas para las frases del audio.

第18章 聞いて考えよう

マイアミへの留学は初めての海外で、いろいろな意味でよかったけど、自分にとってはホームステイとキューバ旅行が一番の思い出になった気がするよ。日本に戻って、Diegoたちにも手伝ってもらいながらお礼のメッセージを書いたよ。

ヒント

querido/a 親愛なる（手紙等で親しい相手に名前につける表現）
agradecer 感謝する
lo que han hecho por mí 私にしてくれたこと
especialmente 特に
hospitalario/a 歓迎してくれる
origen 出身　al principio 最初は
había estado < estar いたことがあった
comunicarse 意思伝達をする
gracias a... 〜のおかげで　ayudar 手伝う・助ける
esperar （この文脈では）望む
abrazo ハグ（メッセージの最後に入れる親しみを込めた挨拶）

1 **A** 音声を聞きましょう。Escucha el audio.

B 音声を止めながら発音練習をしましょう。
Vuelve a escuchar y repite deteniendo el audio.

C 右のヒントを参考に、音声の内容の意味を予想しましょう。
Vuelve a escuchar e intenta comprender el significado mirando el vocabulario.

D もう一度音声を聞き、以下の質問に答えましょう。
Vuelve a escuchar el audio y contesta a las siguientes preguntas.

1. ¿Para quién es este mensaje?
2. ¿Para qué escribió Ken este mensaje?
3. ¿Cuándo fue Ken a Cuba?
4. ¿Por qué lo pasó mal Ken cuando llegó a Estados Unidos?

音読して練習しよう

CHECK!
練習帳

2 **A** 音声を思い出しながら練習帳のスクリプトを音読しましょう。Practica la lectura del texto en el cuaderno de ejercicios.

B 🏃 スクリプトを見ながら下の**a**の内容がどう表現されているか、書き抜きましょう。次に、下の**b**のことを伝えたいときはどう表現できるか、考えてクラスメートと比較し、先生と確認しましょう。Mira la transcripción y escribe las frases para expresar lo que dice abajo en **a**. Luego piensa qué frases se pueden usar para expresar lo que dice abajo en **b**. Por último, compara con tu compañero/a lo que has escrito y comprueba si es correcto con el/la profesor/a.

a. 1. メッセージを書き始めるときに宛名を付けるとき
　　 2. 何が目的でメッセージを書いているのかを伝えたいとき
　　 3.「みなさんのおかげで〜でした」と伝えたいとき

b. 1. TaniaがKenにメッセージを書き始めるときの宛名
　　 2. 君がどうしているかを知る (saber cómo estás) 目的でメッセージを書いていることを伝えたいとき
　　 3.「君のおかげで〜」と伝えたいとき

この課の目標
コミュニケーション：簡単なメッセージの形式を理解して、書くことができる。
文法：過去完了形の活用ができて使い方がわかる。最上級を使った表現ができる。lo que を文脈の中で使うことができる。
語彙・表現：PCや情報通信の基本的な単語や表現が理解できる。簡単なメールでよく使われる表現が理解できる。

1 過去完了 Pluscuamperfecto

A 音声を聞いて発音し、どのような意味になるか考え、先生と答え合わせをしましょう。Escucha y repite. Piensa en el significado, y comprueba con el/la profesor/a.

> 例 Cuando llegué a la universidad, ya **había empezado** el examen.
> Cuando entré a la universidad, ya **había estudiado** un poco español.

> 直説法過去完了形は英語の"had＋過去分詞"に相当するよ。

B 音声を聞いて発音し、直説法過去完了形の活用を覚えましょう。Escucha, repite y aprende la conjugación

hablar			
yo **había**	hablado	nosotros **habíamos**	hablado
tú **habías**	hablado	vosotros **habíais**	hablado
él **había**	hablado	ellos **habían**	hablado

C 音声を聞いて、活用を予想して言いましょう。Escucha y di la forma del verbo que corresponde.

> 例 (hablar, yo) → yo había hablado

1.　　　2.　　　3.　　　4.　　　5.　　　6.　　　7.　　　8.

D 音声を聞いて意味を言いましょう。Escucha y di el significado de las frases.

1.　　　2.　　　3.　　　4.　　　5.　　　6.

> 活用と意味のイメージがつかめて言えるようになったら書いて練習してね。

2 最上級 Superlativo

A 音声を聞いて発音し、例文の意味と文法的なポイントを先生と確認しましょう。
Escucha y repite. Observa los ejemplos, comprueba el significado y la gramática con el/la profesor/a.

① Tengo tres perros: Jachi, Pochi y Tochi. ¿Cuál es **el mejor**?
Jachi es **el más** bonito **de** los tres.
Pochi es **el menos** bonito **de** todos.
Pero para mí los tres son **los más** bonitos y **los mejores del** mundo.

② Mi hermana tiene tres gatas: Micha, Pocha y Tocha.
¿Cuál es **la mejor**?
Pocha es **la más** bonita de **las** tres.
Tocha es **la menos** bonita de tod**as**.
Pero para ella las tres son **las más** bonit**as** y **las mejores del** mundo.

③ Conozco muchos restaurantes malos. Pero, sin duda, este es **el peor de** todos los restaurantes que he conocido hasta ahora.

B 右の写真と値段、質の情報を参考に、最上級の作文をしましょう。Mira la foto de la derecha y los datos de los precios y de la calidad. Luego escribe frases utilizando el superlativo.

1. El móvil A es...
2. El móvil B es...
3. El móvil C es...

A. 500 € **B.** 350 € **C.** 200 €
質○　　　質◎　　　質△

C Bの文章を携帯でなく PC (computadora) を使って書き換えましょう。
Escribe nuevamente las frases de B, cambiando la palabra "móvil" por "computadora".

D 音声を聞いて発音し、どのような意味になるか先生と確認し、語順にも注意して覚えましょう。Escucha y repite. Luego comprueba el significado de estos ejemplos con el/la profesor/a y memorízalos prestando atención al orden de las palabras.

例　el chico más inteligente　　　　la ciudad más grande
　　el mejor jugador de la escuela　　la peor cafetería de la zona
　　el mayor del grupo　　　　　　　la menor de las tres hermanas

E 音声を聞いて意味を言いましょう。Escucha y di el significado de las frases.

1.　　　2.　　　3.　　　4.　　　5.　　　6.

F 音声を聞いて発音し、意味を言いましょう。Escucha, repite y di el significado de las frases.

1.　　　2.　　　3.　　　4.　　　5.　　　6.

意味がわかって最上級の
文のイメージがつかめた
ら文を作ってみよう。
練習帳にも補足
の練習があるよ。

CHECK!
練習帳

3 関係代名詞 lo que　Pronombre relativo "lo que"

A 音声を聞いて発音し、意味を考えて先生と確認しましょう。Escucha, repite y comprueba el significado con el/la profesor/a.

例　No entiendo **lo que** dice el profesor.
　　Lo que me gusta de esta ciudad es la playa.
　　¿Qué es **lo que** está comiendo ella?

lo queはこの場合、英語の "what she says..."
「彼女が言っていること」 "what I like..." 「私が
好きなこと（もの）」の "what" に相当するよ。B
の例文にある動詞を忘れている人は意味と活用も
復習しておこう。

B 音声を聞いて発音し、意味を考えて先生と確認しましょう。
Escucha, repite y comprueba el significado con el/la profesor/a.

例　(En un restaurante) Esto no es lo que pedí.
　　No sé cómo se dice en español lo que pienso.
　　Lo que pasa es que no entendimos muy bien la explicación.　　*<molestar 気に入らない
　　Lo que les molestó* a los clientes fue la atención de esta tienda.　　gustar 型動詞

1 基本的な情報通信の用語 Vocabulario básico de las TIC

🔊 14
音声を聞いて発音し、先生と意味を確認しましょう。Escucha, repite y comprueba el significado con el/la profesor/a.

①

buscar	guardar	subir	grabar	borrar
adjuntar	conectar / conectarse	bajar / descargar	enviar / mandar	copiar y pegar

②

clave / contraseña	e-mail / correo electrónico	archivo / documento	enlace / URL	sitio / página web	búsqueda
mensaje	voz	carpeta	imagen	código QR	sonido

2 メッセージ Mensajes

🔊 15
A 音声を聞いて発音し、先生と意味を確認しましょう。次に、メッセージに必要な要素を確認しましょう。

Escucha, repite y comprueba el significado con el/la profesor/a. Luego fíjate en las partes que componen un mail.

メールはSNSのメッセージよりも、型や決まった表現があるから、いくつか覚えておこう。

tema o asunto（テーマ）

dirección（アドレス）

saludo（挨拶）
¿Qué tal?
Tanto tiempo.
¿Cómo te va?

cuerpo（内容）
gracias por...
siento...
te escribo para...

despedida（別れの挨拶）
saludos,
muchos saludos,
un beso,

nombre o apodo（名前・あだ名など）

Fotos

Diego (diego200@pmail.com)

Fotos

Hola Diego, ¿cómo estás?

Disculpa la demora en enviarte las fotos de la fiesta de 15 de tu prima Josefina. Es que ayer no pude conectarme desde casa porque no tenía wifi.

Yo pensaba adjuntar en este e-mail un archivo comprimido con todas las fotos, pero como son demasiado pesadas he tenido que subirlas a una carpeta en mi página web. Aquí te envío el enlace. Luego te mando una contraseña para abrir la página.

https://www.Japan-Web.com/takaken/fotos

Nos vemos el jueves en la universidad. Un abrazo,

Ken

Enviar

B 👥 Diegoになったつもりで、このメールの返事を書き、クラスメートの書いたメッセージと比較しましょう。
Escribe la respuesta a este mail como si fueras Diego. Luego compara tu respuesta con la de tus compañeros/as.

16
C Ireneが日本の友人グループにボイスメッセージを送りました。音声を聞いて質問に答えましょう。 Irene ha enviado un mensaje de voz al grupo de amigos en Japón. Escucha el mensaje y contesta a las preguntas.

1. ¿Por qué Irene ha recordado su viaje a Japón?
2. ¿Por qué le ha gustado el viaje?
3. ¿Qué es lo que le ha gustado más?
4. ¿Qué les pide Irene a sus amigos?

> he recordado < recordar 思い出す
> a gusto 気持ちよく　prometer 約束する
> nuevamente 再び　seguir 続ける
> sugerencia 提案

D Ireneの友人になったつもりで以下の内容を含むメッセージを書いて録音しましょう。誘うものは日本のどこかの場所や物事、食べ物など何でもかまいませんが、自分の体験を内容に含めましょう。辞書を使ってかまいません。 Escribe y graba un mensaje de voz para responderle a Inés como si fuera tu amiga. Utiliza los siguientes elementos. Puedes proponerle un lugar para visitar, una comida, etc., pero debes incluir algo sobre tu experiencia. Puedes utilizar el diccionario.

> **Saludo**: Hola, Irene, ¿cómo estás?...
>
> **Agradecimiento por su mensaje**: Gracias por tu visita...
>
> **Contar cómo lo pasaste con ella en Japón**: Yo también lo he pasado muy bien contigo...
>
> **Recuerdo**: Recuerdo* cuando...   *< recordar 思い出す・覚えている
>
> **Lo que te ha gustado**: A mí lo que me ha gustado...
>
> **Con quién**: ...contigo, con mis hermanos, con los compañeros/as del club, solo/a...
>
> **Lo que quieres hacer con ella la próxima vez**: ver kabuki...
>
> **Invitación**: El año que viene, vamos a..., la próxima vez, ¿por qué no...?, ¿qué tal si...?
>
> **La razón**: Yo he estado una vez allí..., es que..., porque...

キンセアニェーラ   Quinceañera

A 日本では七五三や成人式など、成長に合わせた儀式あります。以下の写真を見てラテンアメリカのキンセアニェーラはどのようなものか考えましょう。En Japón existen varias ceremonias que acompañan los ciclos de la vida, como Shichigosan y otros. Mira las siguientes fotos y piensa qué tipo de ceremonia es la Quinceañera.

17 **B** KenはメキシコでDiegoの従妹Josefinaの15歳のパーティーを体験しました。音声を聞いて発音した後、以下のテキストを読んで意味を考えましょう。Escucha y repite. Luego lee el texto y tradúcelo al español con tu compañero/a.

Cuando estaba en México, me invitaron a la fiesta de cumpleaños de Josefina, la prima de Diego. La madre de Diego me contó que en México y en otros países de Latinoamérica, cuando una chica cumple 15 años celebran una gran fiesta. Es como un rito de paso a la edad adulta.

Por la mañana temprano, unos mariachis fueron a casa de Josefina y la despertaron con una canción tradicional de cumpleaños. Por la tarde fuimos a la iglesia y hubo una bendición. Luego fuimos a un salón de fiestas, y Josefina entró allí con un vestido muy lujoso, maquillada y con un gran peinado. Después bailó el vals con su padre y con los invitados.

Había mucha comida y regalos. También hubo un discurso, y luego las amigas de Josefina le quitaron las zapatillas de deporte y le pusieron unos zapatos lujosos de taco alto. Por último, todos bailaron hasta muy tarde. Los padres de Josefina estaban felices, aunque gastaron muchísimo dinero para la fiesta de la quinceañera.

contar 話す   **rito de paso a la edad adulta**（成人に至るまでの）通過儀礼   **mariachi** マリアッチ（メキシコの大衆音楽を奏でる楽団）
bendición 祝福   **vestido** ドレス   **lujoso/a** 豪華な   **peinado** 髪型   **vals** ワルツ   **discurso** スピーチ
zapatillas de deporte スポーツシューズ   **taco** ヒール   **feliz** 幸せ

課のまとめと応用   Repaso final

18 **A** 音声を聞いて答えましょう。Escucha el audio y contesta a las siguientes preguntas.

1. ¿Para qué envía este mensaje?
2. ¿Sobre qué es el vídeo?
3. ¿Qué vio en el mercado de San Juan?
4. ¿Dónde está el vídeo que grabó?
5. ¿Cuál es la contraseña para bajar el video?

> **impresionar** 驚かせる   **genial** 素晴らしい
> **tratar** 扱う   **exótico/a** エキゾチックな
> **variedad** バラエティー   **marisco** 魚介
> **imaginar** 想像する   **extraño/a** 奇妙な

19 **B** 音声の質問に答えましょう。（5問）Contesta a las preguntas del audio.

20 **C** 音声の文が答えになる疑問文を言いましょう。（3問）Di las preguntas para las frases del audio.

¿Trabajaré o continuaré mis estudios?

第19章 聞いて考えよう

留学から戻った時、将来のことはまだよく考えていなかったけれど、お金もないし、就活をすることにしたんだ。英語だけでなく、スペイン語も好きになったから、海外と関係のある仕事をしたいと思って商社を受けたよ。履歴書に大学でスペイン語を勉強したことを書いたら面接で「じゃあちょっと話してみて」って言われて焦ったけど、話せたからうれしかった。

1 A 音声を聞きましょう。Escucha el audio.

B 音声を止めながら発音練習をしましょう。
Vuelve a escuchar y repite deteniendo el audio.

C 右のヒントを参考に、音声の内容の意味を予想しましょう。
Vuelve a escuchar e intenta comprender el significado mirando el vocabulario.

ヒント

futuro 将来　trabajaré < trabajar
empresa 企業　continuaré < continuar 続ける
curso de posgrado 大学院のコース　olvidar 忘れる
decidí < decidir 決める　empleo 職
relacionado/a 関係のある　currículum 履歴書
aprobar 合格する　selección 選抜
entrevista 面接　entrevistador 面接官
ponerse nervioso 緊張する　palabra 言葉
conversar 会話する

D もう一度音声を聞き、内容と一致していると思えば V (verdadero)、一致していないと思えば F (falso) と入れましょう。Vuelve a escuchar el audio y escribe "V" (verdadero) o "F" (falso).

1. Después de estudiar en Estados Unidos Ken quería hacer un curso de posgrado.
2. Ken aprobó el examen de selección en una empresa relacionada con el extranjero.
3. En la entrevista final Ken estaba muy nervioso.
4. En la entrevista final Ken no pudo hablar en español con otro estudiante.

音読して練習しよう

CHECK!
練習帳

2 A 音声を思い出しながら練習帳のスクリプトを音読しましょう。Practica la lectura del texto en el cuaderno de ejercicios.

B 🗣 音声を聞いて発音し、例の表現を使ってクラスメートと話しましょう。Escucha y repite. Luego practica con tus compañeros usando este modelo.

例　A: ¿Trabajarás en una empresa en el futuro?　　**B**: Sí, creo que sí.
　　　　　　　　　　　　　　　　　　　　　　　　　B: No, trabajaré como maestro/a.

　　A: ¿Seguirás tus estudios en un curso de posgrado?　**B**: Sí, creo que sí.
　　　　　　　　　　　　　　　　　　　　　　　　　B: No, creo que no.

　　A: ¿Viajarás mucho?　　　　　　　　　　　　　　**B**: Creo que sí. Conoceré muchos países:
　　　　　　　　　　　　　　　　　　　　　　　　　　　China, Corea, Brasil...

この課の目標

コミュニケーション：将来の展望について話すことができる。丁寧な言い方で意見を伝えたり頼んだりできる。驚きや感動などを表現できる。

文法：未来形の活用ができて使うことができる。querer, poder, gustar の過去未来を使った婉曲表現を理解することできる。形容詞を用いる感嘆文を理解して使うことができる。

語彙・表現：未来の時を表す表現、キャリアや就職活動、将来の社会の展望などについての基本的な表現を文脈の中で使える。

1 未来 Futuro

A 音声を聞いて発音し、意味を調べて覚えましょう。 Escucha y repite. Comprueba el significado y aprende.

mañana   pasado mañana   el próximo mes   el año que viene   dentro de dos años   en el futuro

B 音声を聞いて発音し、例文の意味を考え、先生と確認しましょう。 Escucha y repite. Piensa en el significado de las siguientes frases y comprueba con el/la profesora.

例 Mañana lloverá mucho.   Dentro de dos años terminaré mis estudios.
Creo que en el futuro todos compraremos coches solares.

スペイン語の未来形は予想や不確定な要素があるときによく使うよ。ir a を使うときと比較してみよう。

C 音声を聞いて発音し、活用を覚えましょう。 Escucha, repite y aprende la conjugación.

hablar	
yo hablaré	nosotros hablaremos
tú hablarás	vosotros hablaréis
él hablará	ellos hablarán

aprender	
yo aprenderé	nosotros aprenderemos
tú aprenderás	vosotros aprenderéis
él aprenderá	ellos aprenderán

vivir	
yo viviré	nosotros viviremos
tú vivirás	vosotros viviréis
él vivirá	ellos vivirán

未来形の活用はどこを強く発音するか、ここでしっかりイメージをつかんでおこう。他の動詞の活用形と区別しやすくなるよ。

trabajar   terminar   empezar   volver
encontrar   estar   ir   ser   dar
levantarse   despertarse   acostarse

D 音声を聞いて発音し、次にCのリストの全ての動詞の yo の活用形を言い、主語を変えて続けて活用し、先生にチェックしてもらいましょう。 Escucha y repite. Luego di la conjugación de los verbos de C en la primera persona del singular solamente y continúa con las otras personas por separado. Comprueba con el/la profesor/a.

例 yo trabajaré, yo terminaré, yo empezaré... tú trabajarás, tú terminarás, tú empezarás...

E 音声の動詞と主語の未来形の活用を言いましょう。 Escucha y di la forma en futuro que corresponde.

例 (hablar, yo) → hablaré

1.   2.   3.   4.   5.   6.   7.   8.

F 音声を聞いて発音し、活用を覚えましょう。 Escucha, repite y aprende la conjugación.

hacer	
yo haré	nosotros haremos
tú harás	vosotros haréis
él hará	ellos harán

tener	
yo tendré	nosotros tendremos
tú tendrás	vosotros tendréis
él tendrá	ellos tendrán

G 音声を聞いて発音し、原形と yo の形から活用を予想し、先生と確認しましょう。
Escucha y repite. Luego piensa en la conjugación de los verbos en "yo". Comprueba con el/la profesor/a.

poder	poner	venir	salir	decir
yo podré	yo pondré	yo vendré	yo saldré	yo diré

10 H 音声を聞いて、未来形の活用を言いましょう。Escucha y di la forma en futuro que corresponde.

例　(hacer, yo) → haré

1.　　　　2.　　　　3.　　　　4.　　　　5.　　　　6.　　　　7.　　　　8.

11 I 音声を聞いて意味を言いましょう。Escucha y di el significado.

1.　　　　2.　　　　3.　　　　4.　　　　5.　　　　6.　　　　7.　　　　8.　　　 flor 花

2 婉曲表現としての過去未来　Condicional para expresiones indirectas

12 A 音声を聞いて発音し、例文の意味を考え、先生と確認しましょう。Escucha y repite. Piensa el significado de las siguientes frases y comprueba con el/la profesora.

例　A: ¿Podrías venir un poco más temprano mañana?
　　B: Sí, por supuesto.

Me gustaría trabajar en esta empresa.
Querría pedirle un favor a usted.

"Me gustaría" は "Me gusta" の直説法過去未来形だけど、「～できたらいいなと思います」のように婉曲的に希望を伝える表現として使うよ。

13 B 音声を聞いて発音し、過去未来形の活用を覚えましょう。Escucha, repite y aprende la conjugación.

ser	
yo **sería**	nosotros **seríamos**
tú **serías**	vosotros **seríais**
él **sería**	ellos **serían**

poder	
yo **podría**	nosotros **podríamos**
tú **podrías**	vosotros **podríais**
él **podría**	ellos **podrían**

14 C 音声を聞いて意味を言いましょう。Escucha y di el significado.

1.　　　　2.　　　　3.　　　　4.　　　　5.　　　　6.　　　　7.　　　　8.

3 感嘆文　Frases exclamativas

15 A 音声を聞いて発音し、例文の意味を考え、先生と確認しましょう。Escucha y repite. Piensa el significado de las siguientes frases y comprueba con el/la profesora.

例　1. Eres muy amable.　　　　　→ ¡Qué amable eres!
　　2. Ellos son muy simpáticos.　→ ¡Qué simpáticos son!
　　3. Esta flor es muy bonita.　　→ ¡Qué bonita es esta flor!
　　4. Este libro es muy difícil.　　→ ¡Qué difícil es este libro!

16 B 音声を聞いて驚いたときの文章にして言いましょう。Escucha y transforma las frases en frases exclamativas.

1.　　　　2.　　　　3.　　　　4.　　　　5.　　　　6.　　　　7.　　　　8.

1 キャリア・就活・職場 Carrera, búsqueda de empleo, lugar de trabajo

17 ◀) A 音声を聞いて発音し、意味を調べて先生と確認しましょう。Escucha, repite, averigua el significado y comprueba con el/la profesor/a.

① 勉強・キャリア Estudios y carreras

aprobar el examen de...   estudiar en el extranjero   reunir los créditos   terminar la carrera
graduarse   hacer un curso de posgrado   conseguir una beca   realizar un proyecto
tener experiencia laboral

② 会社・オフィス Empresas y oficinas

| oficina | empresa / compañía | agencia | estudio |

③ 就職活動・転職・起業 Búsqueda de empleo, cambio de trabajo y emprendimiento de negocios

| buscar información | presentar el currículum | visitar a un/a exalumno/a | tener una entrevista |
| conseguir un trabajo | dejar el trabajo | cambiar de trabajo | montar un negocio / una empresa |

18 ◀) B 👥 あなたは2年後〜20年後に何をしていると思いますか？ 以下の内容を参考にクラスメートと質問しあいましょう。¿Qué harás en los próximos 2 a 20 años? Fíjate en las siguientes expresiones y haz preguntas a tus compañeros/as.

例 **A**: ¿Qué estarás haciendo dentro de dos años?　　**B**: Probablemente estaré estudiando en Inglaterra...
　　　　　　　　　　　　　　　　　　　　　　　　　B: Creo que estaré buscando un trabajo.
　　　　　　　　　　　　　　　　　　　　　　　　　B: No lo sé... pero creo que estaré trabajando.

例 **A**: ¿Estarás casado/a dentro de 20 años?　　　　**B**: Probablemente sí, estaré casado/a.
　　　　　　　　　　　　　　　　　　　　　　　　　B: No, estaré soltero/a.
　　A: ¿Tendrás hijos dentro de 20 años?　　　　　　**B**: No lo sé... tal vez tendré dos hijos.
　　A: ¿Tendrás tu propia casa?　　　　　　　　　　**B**: No lo creo. Creo que estaré viviendo con mis padres.

19 ◀) C KenとJavierの会話を聞いて以下の質問に答えましょう。Escucha la conversación entre Ken y Javier y contesta a las siguientes preguntas.

1. ¿Qué ha hecho ya Ken para encontrar trabajo?
2. ¿Qué piensa hacer Ken si encuentra un trabajo en una empresa internacional?
3. ¿Qué hará Javier después de terminar sus estudios en Japón?
4. ¿Con quién vivirá Ken en el futuro?

dato データ　sesión informativa 説明会　acerca de... 〜について　país de habla hispana スペイン語圏の国
mantenerse en contacto 連絡を取り合う　echar de menos 不在を寂しく思う

2 未来に対する不安と希望 Inquietudes y esperanzas ante el futuro

20 A 音声を聞いて発音し、意味を調べて先生と確認しましょう。Escucha, repite, averigua el significado y comprueba con el/la profesor/a.

consumo de energía	calentamiento global	desigualdad	agotamiento de los recursos	soledad
enfermedades nuevas	problemas mentales	desempleo	contaminación	población

solucionar   disminuir / aumentar   haber / no haber   haber más / haber menos
existir / seguir existiendo / desaparecer   ser mejor / ser peor   seguir

B Aの中であなたが関心を持つ社会問題を一つ選びましょう。その問題は今後どうなると思いますか。また、あなたはその問題について、どう貢献できると思いますか。例を参考に文章を書きましょう。辞書を使って構いません。Elige alguno de los problemas sociales de A que te interese. Fíjate en las frases de abajo y escribe un texto explicando qué piensas que sucederá en el futuro sobre ese problema y cómo podrías contribuir a solucionarlo.

¿Qué problema?
Me parece serio el problema de la contaminación.
Me interesa el problema de la soledad.

¿Qué sucederá en el futuro?
Me imagino que habrá menos contaminación en el futuro.
Creo que la gente estará más sola en el futuro.

¿Por qué?
Porque cada vez hay más personas o familias sin hijos.
Porque cada vez hablaremos menos con personas desconocidas.

¿Qué crees que necesitaríamos hacer?
Creo que sería bueno plantar más árboles en las ciudades.
Tal vez sería bueno obligar a las empresas a repartir las ganancias entre los empleados. Podríamos...

¿Qué harás?
Montaré un negocio para emplear muchas personas.
Tendré cinco hijos para aumentar la población.

C B であなたが貢献できると考えたアイディアを以下の基準を用いて自分で評価すると何点になりますか。一つの項目につき 1～5 点で評価し、クラスメートにアイディアと評価について日本語で説明しましょう。

Evalúa tu propuesta de acuerdo a los siguientes criterios. Cada pregunta son 5 puntos (1. No, 2. No mucho, 3. Suficiente, 4. Sí, 5. Sí, mucho). Luego explica a tus compañeros/as cuántos puntos has obtenido y por qué.

¿Es original?   ¿Es realista?   ¿Es positiva?   ¿Es solidaria?

日本のスペイン語圏の人々 Presencia del mundo hispano en Japón

21 A 音声を聞いて発音した後、クラスメートとテキストを読み、意味を確認しましょう。

Escucha y repite. Luego lee el texto y comprueba el significado con tu compañero/a.

日本の南米食材店に並ぶ食品

Aunque la presencia del mundo hispano en Japón se remonta al siglo XVI con la llegada de los misioneros españoles, la mayor inmigración del mundo hispano y el nacimiento de una comunidad latina en Japón, se produjeron a finales del siglo XX, cuando este país abrió sus puertas a los descendientes de japoneses en Latinoamérica, que vinieron al país de sus padres y abuelos para trabajar y buscar un nuevo futuro para sus familias.

Con el paso del tiempo, muchos de ellos volvieron a sus países de nacimiento, pero otros se quedaron en Japón. Según las estadísticas del año 2021, había unos 70 mil hispanohablantes en Japón. De ellos, 3 mil eran españoles y el resto provenía de Hispanoamérica. La gran mayoría, casi 50 mil, son *nikkei* peruanos* y están concentrados en Kanagawa, Aichi, Shizuoka, Gunma, etc.

La comunidad latina formada principalmente por los *nikkei* latinoamericanos, tiene sus propios restaurantes, muchos tipos de servicios, y tiendas con productos de América Latina. Actualmente en muchas partes de Japón podemos probar comidas y bebidas típicas de Perú. ¿Por qué no vamos a algún restaurante peruano para probar su comida?

presencia 存在　**remontarse a...** 〜にさかのぼる　**siglo** 世紀　**misionero** 宣教師　**nacimiento** 誕生
descendiente 子孫　**paso** (年月が) 経つこと　**resto** 残り　**provenir** 来る

*政府統計の総合窓口
https://www.e-stat.go.jp/
（2021年12月現在）

B 以下の単語の画像をスマホで探し、グループで上の写真のどこにあるか探しましょう。

Busca la imagen de las siguientes palabras en la web y luego, en grupos, busquen en qué lugar de las fotos están estos productos.

1. olluco　　2. ají amarillo　　3. Inca Cola　　4. pasta de cilantro/culantro

課のまとめと応用　Repaso final

22 A 音声を聞いて答えましょう。Escucha el audio y contesta a las siguientes preguntas.

1. ¿Por qué muchos jovenes universitarios no pueden terminar la carrera en Argentina ?
2. ¿La profesora Fernández es la mayor de las tres hermanas?
3. ¿Qué carrera tiene buena salida laboral en Argentina?
4. ¿Qué hará la hermana de la profesora Fernández que estudia sociología?

ingresar 入る
encuentran < encontrar
　見つける
sin embargo しかし
depende de < depender
　〜による
ingeniería 工学
pronto すぐに
salida laboral 就職口
especialidad 専門

23 B 音声の質問に答えましょう。（5問）Contesta a las preguntas del audio.

24 C 音声の文が答えになる疑問文を言いましょう。（3問）Di las preguntas para las frases del audio.

第20章 **聞いて考えよう**

大学に入学した時には特にスペイン語を使って何かしようとか考えてなかったけど、結果的にスペイン語は自分の人生にとって大切な要素の一つになったな。外国語がわかるようになると、自分にとって何が学習の役に立つのかわかると思う。僕からのアドバイスを聞いてね。

ヒント

cada día 毎日　repasar 復習する
al menos 少なくとも　tratar de... ～しようとする
no importa 重要でない、気にしない
memorizar 暗記する　vocabulario 語彙
poco a poco 少しずつ　palabra 単語
sin miedo 恐れずに
equivocarte < equivocarse 間違える
aplicación アプリ　aprendizaje 習得
herramienta ツール　buscador 検索ツール
traductor 翻訳ツール　frase フレーズ　diario 日記
agenda 予定　intercambio 交換・交流

---

1 **A** 音声を聞きましょう。Escucha el audio.

B 音声を止めながら発音練習をしましょう。
Vuelve a escuchar y repite deteniendo el audio.

C 右のヒントを参考に、音声の内容の意味を予想しましょう。
Vuelve a escuchar e intenta comprender el significado mirando el vocabulario.

D 音声の内容と一致する選択肢を選びましょう。Elige la opción correcta de acuerdo al audio.

1. Estudia un poco...　　　　　　　a. a veces.　b. todos los días.　c. a menudo.
2. Cuando escuchamos los audios, es importante...　a. tratar de repetir.　b. entender todo.
3. Aprende las palabras nuevas...
　　a. antes del examen.　b. poco a poco.　c. dos veces por semana.
4. Es importante hablar con los profesores....　　a. en japonés　b. sin equivocarse.　c. sin miedo.
5. Las canciones en español son buenas para aprender...　a. entonación.　b. frases.

音読して練習しよう

2 **A** 音声を思い出しながら練習帳のスクリプトを音読しましょう。Practica la lectura del texto en el cuaderno de ejercicios.

B 例を参考にクラスメートと以下の内容をアドバイスする形にしましょう。次にスクリプトで解答を探しましょう。Dale consejos a tu compañero/a siguiendo el modelo. Fíjate cómo se conjugan los verbos. Luego comprueba la respuesta viendo la transcripción en el cuaderno de ejercicios.

　例　estudiar un poco cada día. → Estudia un poco cada día.

1. preparar la clase　　　　　　2. escuchar los audios　　3. tratar de repetir siempre
4. memorizar el vocabulario poco a poco　　5. hablar sin miedo
6. practicar mucho con los profesores　　7. escribir un diario en español

---

コミュニケーション：外国語学習についての簡単な話が理解でき、アドバイスすることができる。
　　　　　　　　　　日常生活での簡単なお願いができる。簡単な標識や案内を理解することができる。
文法：tú と usted の肯定命令形を理解し、文を作ることができる。
語彙・表現：外国語学習についての基本的な表現が使える。

1 tú に対する肯定命令　Imperativo afirmativo de tú

A 音声を聞いて発音し、例文の意味を考えて先生と確認しましょう。Escucha y repite. Luego piensa en el significado de los ejemplos y comprueba con el/la profesor/a.

> **Come** más verduras, ¡son muy buenas para la salud*!　　　*健康
> **Escribe** aquí tu nombre, por favor.　**Descansa** bien cuando estás resfriado.

> 命令形という名前だけれど、お願いしたり、アドバイスをしたり、誘ったりするとき等によく使うよ。

B 以下は tú に対する肯定命令形の作り方です。音声を聞いて発音し、意味と規則性を先生と確認し、覚えましょう。Imperativo de tú con verbos regulares. Escucha y repite. Luego piensa en el significado y en la gramática de los ejemplos, comprueba con el/la profesor/a y aprende.

estudiar	empezar	comer	volver	escribir	dormir
estudia	empieza	come	vuelve	escribe	duerme

> tú に対する肯定命令は、まず形が直説法現在の三人称単数と同じであることに注目してね。

C 以下は tú に対する肯定命令形の不規則形です。音声を聞いて発音し、覚えましょう。
Imperativo de tú con verbos irregulares. Escucha, repite y aprende.

hacer	ir	decir	salir	poner	venir	tener	ser
haz	ve	di	sal	pon	ven	ten	sé

D 以下は代名動詞（再帰動詞）の tú に対する命令形です。音声を聞いて発音し、覚えましょう。
Imperativo de tú con verbos reflexivos. Escucha, repite y aprende.

levantarse	lavarse	bañarse	despertarse	ponerse	irse	acostarse
levántate	lávate	báñate	despiértate	ponte	vete	acuéstate

E 音声を聞いて発音し、意味を言いましょう。Escucha, repite y dilo en japonés.

1.　　　　2.　　　　3.　　　　4.　　　　5.

> ここも活用と意味のイメージがつかめて言えるようになったら書いて練習してね。

F 音声を聞いて発音し、意味と目的語の代名詞を置く位置を先生と確認し、言えるようにしましょう。
Escucha, repite. Comprueba con el/la profesor/a el significado y la ubicación de los pronombres de objeto.

原形	tú に対する命令形
leer este libro	→ **Léelo.**
comer esta fruta	→ **Cómela.**
traer tus lápices	→ **Tráelos.**
decir + a él	→ **Dile.**
lavarse + las manos	→ **Lávatelas.**
poner + la gorra + al niño	→ **Pónsela.**

> いろいろなパターンを何度も聞いて口に出して、どこを強く発音するかがわかるようにしてね。それができると他にも応用できるようになるよ。アクセント記号をつけるところもわかりやすくなる。

G 音声を聞いて発音し、意味を言いましょう。

> 例　Llévala. → それを持ってきて。

1.　　　　2.　　　　3.　　　　4.　　　　5.

H 音声を聞いて、目的語を人称代名詞にして tú に対する命令形を言いましょう。Escucha y di el verbo en imperativo de tú junto con el pronombre de objeto.

> 例　(llevar, la silla) → Llévala.

1.　　　2.　　　3.　　　4.　　　5.　　　6.　　　7.　　　8.

2 usted に対する肯定命令　Imperativo afirmativo de usted

10 A 音声を聞いて発音し、tú の形と比較して usted の命令形の文法的なポイントを先生と確認しましょう。
Escucha y repite. Luego compara el imperativo de tú con el de usted. Comprueba las diferencias con el/la profesor/a.

原形	tomar	empezar	comer	volver	escribir	dormir
tú 命令形	toma	empieza	come	vuelve	escribe	duerme
usted 命令形	tome	empiece	coma	vuelva	escriba	duerma

11 B 音声を聞いて発音し、意味を言いましょう。Escucha, repite y dilo en japonés.

1.　　　　2.　　　　3.　　　　4.　　　　5.

12 C 例に従って音声を聞いて動詞を usted の命令形にし、por favor を付けた形で言いましょう。
Escucha y di el verbo en imperativo de usted agregando "por favor" al final.

例　toma → Tome, por favor.

1.　　　2.　　　3.　　　4.　　　5.　　　6.　　　7.　　　8.

13 D 音声を聞いて、動詞の原形と tú に対する命令形か、usted に対する命令形かを言いましょう。
Escucha y di el verbo en infinitivo y si es imperativo de tú o usted.

例　Habla con él. → hablar, tú

1.　　　2.　　　3.　　　4.　　　5.　　　6.　　　7.　　　8.

> usted に対する命令形は接続法現在という形を使うけれど、ここで幾つかの例だけを表現として覚えておこう。

14 E 以下は usted に対する肯定命令形のいくつかの動詞の例です。音声を聞いて発音し、覚えましょう。Escucha, repite y aprende los siguientes verbos en imperativo de usted.

hacer	ir	decir	salir	poner	venir	tener	ser
haga	vaya	diga	salga	ponga	venga	tenga	sea

15 F 以下は代名動詞（再帰動詞）の usted に対する命令形です。音声を聞いて発音し、覚えましょう。
Escucha, repite y aprende los siguientes verbos reflexivos en imperativo de usted.

levantarse	bañarse	despertarse	ponerse	irse	acostarse
levántese	báñese	despiértese	póngase	váyase	acuéstese

16 G 音声を聞いて発音し、意味を言いましょう。Escucha, repite y dilo en japonés.

1.　　　　2.　　　　3.　　　　4.　　　　5.

> 目的人称代名詞を入れる位置は tú の時と同じだよ。

17 H 音声を聞いて、目的語を人称代名詞にして usted に対する命令形を言いましょう。
Escucha y di el verbo en imperativo de usted junto con el pronombre de objeto.

例　(llevar, la silla) → Llévela.

1.　　　2.　　　3.　　　4.　　　5.　　　6.　　　7.　　　8.

1 外国語学習 Aprendizaje de idiomas extranjeros

18 A 音声を聞いて発音し、先生と意味を確認しましょう。Escucha, repite y comprueba el significado con el/la profesor/a.

repasar	repetir	memorizar / aprender de memoria	usar / utilizar	preguntar
traducir	equivocarse	interpretar	pronunciar	olvidar

19

palabra   frase   vocabulario   expresión   significado
traducción   interpretación   traductor   intérprete

20 B 音声を聞いて発音し、意味を言いましょう。Escucha, repite y dilo en japonés.

1.   2.   3.   4.   5.

C Aのリストの動詞から3つを選んで、túに対して外国語学習のアドバイスする文章を命令形で作りましょう。次にそれをustedの形にしましょう。Elige tres verbos de A y escribe consejos para aprender idiomas extranjeros. Primero usa la forma de "tú" y luego cámbialos a "usted".

21 D DiegoとKenが外国語の勉強方法について話しています。音声を聞いて以下の質問に答えましょう。Escucha el diálogo entre Diego y Ken y contesta a las preguntas.

1. ¿Cuál es el método que le gusta más a Ken?
2. ¿Para qué sirve* ese método?
3. ¿Qué hace Ken cuando tiene tiempo?
4. ¿Cuál es la desventaja** del método que le gusta a Ken?

       *sirve < servir 役に立つ   **desventaja 良くない点

> método 方法   manera やり方、方法
> común 一般的な   formar equipo チームを作る

E 外国語学習の方法も人によって好みやスタイルがあります。今までの皆さんの経験を思い出し、自分にとって役に立ったやり方や教材を後輩にすすめる文章を作り、クラスメートと意見交換しましょう。Cada quién tiene su forma preferida de aprender idiomas extranjeros. Recuerda tu experiencia, método y/o materiales que te han servido y escribe algunos consejos útiles para los estudiantes que recién comienzan a aprender alguna lengua extranjera. Luego intercambia tus opiniones con tus compañeros/as.

_____

_____

2 日常会話の命令形 Imperativo en la vida diaria

A 以下は日常会話でよく使う命令形です。音声を聞いて発音し、先生とこれらの表現の意味と使用される文脈を確認し、覚えましょう。Escucha y repite estas expresiones de la vida diaria. Comprueba el significado y el contexto en el que se usan estas expresiones con el/la profesor/a.

Siéntate aquí.

¡Vete de aquí!

Ya me tengo que ir.
Cuídese mucho.

Ven a mi casa.

Sí, dígame, señora.

¿Sabes?
Ayer lo pasé muy bien...

A ver,
¡Cuéntame!

B Aの命令形を túの場合は ustedに、ustedの場合は túの形にして言い換えましょう。Cambia las expresiones de A de "tú" a "usted" o de "usted" a "tú".

3 標識や案内 Señales y avisos

命令形は町中にある標識や案内などでも使用されます。音声を聞いて発音し、意味を考えて先生と確認しましょう。El imperativo se usa también para los carteles indicadores en la vía pública. Escucha y repite. Piensa en el significado y comprueba con el/la profesor/a.

PULSE EL BOTON

ESPERE VERDE

⚠ CUIDADO

UTILICE EL EQUIPO DE SEGURIDAD

RECUERDE

NO ENTRE

⚠ POR FAVOR

USE UNA MÁSCARA

DESINFECTE SUS MANOS

MANTENGA SU DISTANCIA

2 m

PARE

世界のスペイン語 La lengua española en el mundo

A 以下の答えを予想しましょう。 ¿Cuál de estas opciones crees que es correcta?

1. ¿En qué puesto está el español entre las lenguas maternas más habladas del mundo?

   a. segundo   b. tercero   c. cuarto   d. quinto

2. Ordena estos países según el número de hablantes de español.

   a. Argentina   b. Colombia   c. España
   d. Estados Unidos   f. México

3. ¿Qué puesto ocupa el español entre las lenguas más usadas en plataformas digitales como YouTube, Wikipedia o Instagram?

   a. segundo   b. tercero   c. cuarto   d. quinto

24 **B** 音声を聞いて発音した後、テキストを読みＡの答えを確認しましょう。 Escucha y repite. Luego lee el texto y comprueba las respuestas de las preguntas de A.

> Según el informe del Instituto Cervantes del año 2021, el español es la segunda lengua materna del mundo por número de hablantes, con unos 493 millones de personas. Los países hispanohablantes que tienen mayor población son México (más de 128 millones), Colombia (más de 51 millones), España (más de 47 millones) y Argentina (más de 45 millones).
>
> El mayor número de hispanohablantes en los países o regiones donde el español no es lengua oficial se encuentra en los Estados Unidos (más de 41 millones), seguido por la Unión Europea (más de 25 millones), y el Reino Unido (más de 4 millones). En Japón hay unos 108 mil hablantes de español.
>
> Los 21 países que tienen el español como lengua oficial, a excepción de España y Guinea Ecuatorial, están ubicados en la misma zona geográfica. Es la segunda lengua entre las que se publican documentos científicos. Es la tercera lengua más usada en Internet después del inglés y del chino. Además, es la segunda lengua en plataformas digitales como YouTube, Wikipedia o Instagram.

> informe 報告書 lengua materna 母語 encontrarse = estar seguido por... ～が続く ubicado/a 位置している
> zona geográfica 地理的な地帯 publicar 発行する plataforma (ITの) プラットフォーム

課のまとめと応用   Repaso final

25 **A** 音声を聞いて答えましょう。 Escucha el audio y contesta a las siguientes preguntas.

1. ¿Cuánto tiempo ha estado Ken fuera del país?
2. ¿Por qué la profesora se ha sorprendido*?   *se ha soprendido < sorprenderse 驚く
3. ¿Qué le ha pedido Ken a la profesora?
4. ¿Cuáles son los consejos que le ha dado la profesora?

> con razón どおりで consejo アドバイス novedad 新しいこと
> redes sociales SNS expresión 表現 contexto 文脈 al igual que... ～と同じ
> laboral 仕事の debo < deber しなくてはならない

¡Muy bien!

26 **B** 音声の質問に答えましょう。（5問）Contesta a las preguntas del audio.

27 **C** 音声の文が答えになる疑問文を言いましょう。（3問）Di las preguntas para las frases del audio.

【写真・イラスト・アイコン提供】

第 1 課

p.5 **スペインのトランプ**

Baquetteur and Germanquezm, CC BY-SA 3.0 <https://creativecommons.org/licenses/by-sa/3.0>

Germarquezm, CC BY-SA 3.0 <https://creativecommons.org/licenses/by-sa/3.0>, via Wikimedia Commons

Tupeorpesadilla.com718, CC BY-SA 3.0 <https://creativecommons.org/licenses/by-sa/3.0>, via Wikimedia Commons

第 3 課

p.18 **ID カード** Registro Nacional de Identificación y Estado Civil https://eleccionesgenerales2021.pe/dni-electronico/

ダリ
https://commons.wikimedia.org/wiki/File:Dali_Allan_Warren.jpg

Allan warren, CC BY-SA 3.0 <https://creativecommons.org/licenses/by-sa/3.0>, via Wikimedia Commons

第 4 課

p.24 **アルゼンチン地図** Dexxter, CC BY 3.0 <https://creativecommons.org/licenses/by/3.0>, via Wikimedia Commons

第 7 課

p.41 **スタジアム** Christian Bertrand / Shutterstock.com

第 8 課

p.46 **炭酸飲料** Abramova Elena / Shutterstock.com

第 9 課

p.49 **河口湖** skyearth / Shutterstock.com

第 12 課

p.71 **スポーツ用品店** Ned Snowman / Shutterstock.com

p.72 **アニメグッズ店** Samuel Ponce / Shutterstock.com

第 13 課

p.76 **クリスマス** Semmick Photo / Shutterstock.com

p.76 **初詣** Motionographer / Shutterstock.com

p.77 **ベンチ** MAHATHIR MOHD YASIN / Shutterstock.com

第 14 課

p.79 **アメ横** MrB11 / Shutterstock.com

p.79 **マンホール** dekitateyo / Shutterstock.com

p.82 **神社** Charnc / Shutterstock.com

p.82 **カテドラル** The Escape of Malee / Shutterstock.com

p.82 **遊園地** FooTToo / Shutterstock.com

p.82 **道路** Kristyna Henkeova / Shutterstock.com

p.82 **市庁舎** The Brownfowl collection / Shutterstock.com

p.84 **Plaza de Armas** Atosan / Shutterstock.com

p.84 **Estatua de Pedro de Valdivia** Galina Savina / Shutterstock.com

第 15 課

p.85 **マイアミ大学** University of College / Shutterstock.com

p.89 **Frida Kahlo** Ambra75, CC BY-SA 4.0 <https://creativecommons.org/licenses/by-sa/4.0>, via Wikimedia Commons

p.89 **東京都庁** Jon Chica / Shutterstock.com

p.89 **別府** Suchart Boonyavech / Shutterstock.com

p.90 **移民たちのデモ** Joseph Sohm / Shutterstock.com

第 16 課

p.96 **地図** Milenioscuro, CC BY-SA 4.0 <https://creativecommons.org/licenses/by-sa/4.0>, via Wikimedia Commons

p.96 **ネバダのカントリーサイン** T-I / Shutterstock.com

p.96 **ロサンジェルスの看板** Feng Cheng / Shutterstock.com

第 17 課

p.97 **キューバ** Kamira / Shutterstock.com

p.101 **ソチミルコのボート** Claudio Briones / Shutterstock.com

p.102 **ハバナのクラシックカー** EQRoy / Shutterstock.com

第 18 課

p.105 **スマホ** 8th.creator / Shutterstock.com

p.108 **キンセアニェーラ左** mark stephens photography / Shutterstock.com

p.108 **キンセアニェーラ右** VG Foto / Shutterstock.com

第 20 課

p.118 **ゲーム機** Prathankarnpap / Shutterstock.com

※記載のないもの

イラスト AC

いらすとや

Photo AC

シルエット AC

Shutterstock.com

ペクセル
https://www.pexels.com/ja-jp/

CMAN
https://sozai.cman.jp/icon/string/number1/

中島恵み

【装丁】メディアアート

ケンと身につけよう、スペイン語 4 技能

検印省略

©2024 年 1 月 30 日　初版発行

著　者　中　島　さやか
Bernardo ASTIGUETA

発行者　小　川　洋一郎

発行所　株式会社　朝 日 出 版 社
〒101-0065 東京都千代田区西神田 3-3-5
電話　03-3239-0271/72
振替口座　00140-2-46008
https://www.asahipress.com/
メディアアート／図書印刷

乱丁、落丁本はお取り替えいたします。
ISBN 978-4-255-55153-1 C1087